हैप्पीएस्ट

(सदा प्रसन्न रहने का मूल मंत्र)

हैप्पीएस्ट

(सदा प्रसन्न रहने का मूल मंत्र)

राज ऋषि शर्मा

राजर्षि प्रकाशन

नागवनी रोड, जम्मू

राजर्षि प्रकाशन

नागवनी रोड, जम्मू

पहला संस्करण, 2025

राज ऋषि शर्मा

अनुक्रमणिका

प्रसन्नता की यात्रा (भाग 1)

आत्म-विकास भाग (2)

संबंध भाग (3)

प्रसन्नता का रहस्य भाग (4)

लेखक की ओर से

प्रिय पाठकों,

जीवन हर किसी के लिए भिन्न-भिन्न अनुभवों, कहानियों और संघर्षों का संगम है। इसी जीवन के अनगिनत रंगों में से 'आनंद' या 'प्रसन्नता' वह रंग है, जिसे हम सबसे अधिक खोजते हैं। मेरी पुस्तक 'हैप्पीएस्ट' इसी खोज की यात्रा पर आधारित है।

यह पुस्तक केवल एक विचार नहीं है, बल्कि मेरा और आप सभी का जीवन के प्रति एक प्रतिबिंब है। इसे लिखते समय मैंने केवल एक ही प्रश्न अपने आपसे पूछा—क्या सच में 'प्रसन्नता' कोई अंतिम गंतव्य है, या यह हमारे प्रतिदिन के जीवन की एक छोटी-सी परछाई है जिसे हम कभी-कभी अनदेखा कर देते हैं?

पुस्तक का हर अध्याय उन क्षणों को संजोने की प्रयास करता है जो हमें 'प्रसन्न' बनाते हैं—चाहे वह छोटी-छोटी जीत हों, किसी प्रियजन के साथ बिताया गया समय, या अपने अंदर की शांति। यह उन पाठकों के लिए है, जो शायद प्रतिदिन की भागदौड़ में भूल चुके हैं कि प्रसन्नता वास्तव में छोटे-छोटे पलों में छुपी होती है।

'हैप्पीएस्ट' लिखने का उद्देश्य न केवल हमें प्रेरित करना है, बल्कि यह भी दिखाना है कि प्रसन्नता बाहरी परिस्थितियों से अधिक, हमारी अपनी मानसिकता पर निर्भर करती है। मैंने अपने जीवन और अपने आसपास के अनुभवों से कई कहानियां और उदाहरण साझा किए हैं। आप पाएंगे कि वास्तविक प्रसन्नता पाने के लिए हमें स्वयं को पहचानना और स्वीकार करना

होता है।

इस पुस्तक को लिखते समय, मैंने महसूस किया कि प्रसन्नता की सबसे खास बात यह है कि इसे पाने के लिए हमें किसी जादू की आवश्यकता नहीं है। जो लोग दूसरों को प्रसन्नता बांटते हैं, वे स्वयं सबसे 'हैप्पीएस्ट' होते हैं।

मुझे आशा है कि इस पुस्तक को पढ़ते समय आप अपने भीतर छुपे प्रसन्न व्यक्ति से भेंट करेंगे।

आइए, हम सब साथ मिलकर 'हैप्पीएस्ट' बनने की इस यात्रा पर चलें।

सप्रेम,
(राज ऋषि शर्मा)

प्रसन्नता की यात्रा
(भाग 1)

एक बच्चे की तरह खेलना

(बचपन की यादों को ताजा करें और जीवन को हल्के से लेना सीखें)

हम सबने बचपन में वो दिन जरूर जिए हैं जब हमारा जीवन चंचलता और मासूमियत से भरा होता था। न कोई तनाव, न कोई जिम्मेदारियों का बोझ। बचपन का हर दिन एक नये रोमांच और खुशी का प्रतीक होता था। जैसे-जैसे हम बड़े होते हैं, जीवन की आपाधापी और गंभीरता हमें उस सरलता और खुशी से दूर कर देती है।

बचपन के खेल सिर्फ मनोरंजन का साधन नहीं होते बल्कि वे हमें बहुत गहरी सीख भी देते हैं। इससे हमें जिंदगी को हल्के से लेना, वर्तमान में जीना, और हर छोटी-सी खुशी को पूरी ईमानदारी से महसूस करने की सीख भी मिलती है। जीवन को हल्के से लेना और इससे बच्चों से प्रेरणा लेना बच्चों से ही सीखा जा सकता है।

किसी भी खेल का भरपूर आनंद लेना और परिणाम की चिंता न करना, बच्चों से सीखा जा सकता है। बचपन में खेलते समय हम कभी जीत या हार की परवाह नहीं करते थे। याद कीजिए वह समय जब हम गिल्ली-डंडा या छुपन-छुपाई खेलते थे। उस समय हमारा लक्ष्य केवल खेल का आनंद लेना ही होता था, परिणाम की चिंता करना नहीं।

इसका सबसे बेहतरीन उदाहरण यह हो सकता है कि एक बच्चा पतंग उड़ाते वक्त केवल उड़ाने के मजे पर ही ध्यान देता है। पतंग कट जाए तो वह मायूस नहीं होता बल्कि वह तुरंत ही दूसरी पतंग तैयार कर लेता है।

बच्चा हर चीज को पहली बार के उत्साह से देखता है। बच्चे हर अनुभव को नई ही दृष्टि से देखते हैं। उनके लिए बारिश की पहली बूंद, खिलौने की

नई गाड़ी, या बगीचे में मिली तितली एक नई दुनिया होती है। यह रवैया हमें सिखाता है कि छोटी-छोटी चीजों में भी खुशी ढूंढी जा सकती है।

इसके लिए ऑफिस जाते समय यदि हम सुबह की धूप को महसूस करें या चिड़ियों की चहचहाहट सुनें, तो हमारा दिन बेहतर हो सकता है।

इसका सबसे बेहतर उदाहरण है दूसरों के प्रति बच्चों का स्वाभाविक प्रेम। बच्चे कभी भी आपस में किसी प्रकार का कोई भी भेदभाव नहीं करते। उनकी दोस्ती और रिश्ते सरल और शुद्ध होते हैं। उन्हीं की भांति हमें भी दूसरों के प्रति अपनी स्वाभाविक दयालुता और प्रेम को बनाए रखना चाहिए।

बचपन की यादें और आधुनिक जीवन में उनकी भूमिका को लेकर हमें एक विकसित सोच को अपनाना चाहिए। हमें बच्चों के खेलते हुए जीवन से सबक ग्रहण करते हुए सीखने का प्रयास करना चाहिए।

बच्चों द्वारा पतंग उड़ाना और पतंग की डोर को नियंत्रित करना हमें सिखाता है कि जीवन में संतुलन बनाए रखना कितना महत्वपूर्ण है।

बच्चों का छुपन-छुपाई का खेल हमें हारने के बाद फिर से प्रयास करने की आदत के प्रति उत्साहित करता है।

इसी प्रकार से बच्चों का रेत के घर बनाना, यह दर्शाता है कि सब कुछ नश्वर है, लेकिन सारी प्रक्रिया में आनंद महत्वपूर्ण है।

बच्चों का जीवन को हल्के से लेने के बहुत लाभ भी हैं। इससे हमारे तनाव में कमी होती है। जब हम जीवन को खेल की तरह लेते हैं, तो तनाव स्वतः कम हो जाता है। कुछ देर के लिए हम जीवन में व्याप्त हर प्रकार के तनाव को भूल जाते हैं।

बच्चों की तरह सोचना हमारी रचनात्मकता को भी प्रोत्साहित करता है। इससे हमें नया सोचने के प्रेरणा मिलती है।

इसी प्रकार बच्चों की भांति ही हर प्रकार के तनाव से मुक्त होकर खुश रहने से हमारा मानसिक और शारीरिक स्वास्थ्य भी बेहतर होता है।

बचपन की यादें ताजा करने के लिए कुछ कदम इस प्रकार से उठाए जा सकते है कि हम खेलों की ओर भी अपना ध्यान केंद्रित करें। सप्ताह में एक बार अपने दोस्तों या परिवार के साथ अवश्य ही खेलें।

समय समय पर प्रकृति के साथ जुड़ने का प्रयास भी करें। बच्चों की तरह बारिश में नहाएं, मिट्टी से खेलें। इस सब से हम प्रकृति के साथ अपना सामंजस्य स्थापित कर पाते हैं।

क्रिएटिव बनने का प्रयास भी करें। इसके लिए ड्राइंग, पेंटिंग, या कागज की नाव बनाना शुरू करें।

बच्चों की भांति ही स्वयं से सवाल पूछें। हर चीज को पहली बार की तरह देखना शुरू करें और उसके प्रति किसी भी प्रकार की जिज्ञासा को स्वयं से सवाल पूछते हुए शांत करने का प्रयास करें।

रवि नाम का एक बड़े शहर में काम करने वाला युवक व्यस्त जीवन जी रहा था। ऑफिस का काम, मीटिंग, आने जाने वाली डाक और ई-मेल्स की बाढ़ ने उसे थका दिया था। हर दिन की भागदौड़ में, वह मुस्कुराना और जीवन का आनंद लेना लगभग भूल ही चुका था। एक दिन, रवि को अचानक अपने गृह नगर जाने का अवसर मिला, जहां उसने अपना बचपन बिताया था।

जैसे ही वह गांव पहुंचा, उसे अपने पुराने स्कूल का मैदान और वह गुलमोहर का पेड़ याद आया, जिसके नीचे वह अपने दोस्तों के साथ घंटों खेला करता था। उसने सोचा कि क्यों न वहां जाकर कुछ देर के लिए पुरानी यादों को ताजा किया जाए।

रवि गुलमोहर के पेड़ के पास जा पहुंचा। पेड़ अब भी वहीं था, जैसे उसका ही इंतजार कर रहा हो। रवि ने महसूस किया कि यह वही जगह थी जहां वह और उसके दोस्त बारिश के बाद कागज़ की नाव चलाते थे।

उसने स्वयं को उस समय में खो दिया, जब उसे दुनिया की कोई चिंता नहीं थी। अचानक, वहां खेलते बच्चों का एक झुंड आया। बच्चे पेड़ के नीचे गेंद खेल रहे थे और रवि को देखकर मुस्कुराने लगे।

एक छोटा बच्चा, सोनू, रवि के पास आया और बोला, "अंकल, क्या आप हमारे साथ खेलोगे?"

पहले तो रवि झिझका। लेकिन फिर उसने अपने जूते उतार दिए और बच्चों के साथ खेलने लगा। बच्चों के साथ खेलते हुए उसने महसूस किया कि उसने सालों बाद खुलकर हंसा है।

बच्चों के साथ खेलने के बाद, रवि पेड़ के नीचे बैठ गया और सोचने लगा। उसे याद आया कि बचपन में वह छोटी–छोटी चीजों में कितना खुश रहता था। आज, जब वह बड़ा हो गया है, तो उसकी खुशी बड़े लक्ष्यों और मान्यताओं पर निर्भर हो गई है।

गुलमोहर के पेड़ के नीचे उसे यह एहसास हुआ कि जीवन को हल्के में लेना और छोटी चीजों में खुश होना ही असली सफलता है। उसने तय किया कि अब से वह रोज अपनी दिनचर्या में कुछ समय उन चीजों के लिए निकालेगा, जो उसे सच्चा आनंद देती हैं।

इससे यह निष्कर्ष निकलता है कि बचपन का सादगी भरा समय हमें सिखाता है कि खुशी हमारी मानसिकता में है, न कि हमारी परिस्थितियों में। अगर हम एक बच्चे की तरह खेलना और जीवन को हल्के से लेना सीख लें, तो जीवन का हर क्षण हमारे लिए आनंद का स्रोत बन सकता है।

उपरोक्त लेख के कुछ स्मरणीय अंश:

- बचपन की चंचलता और मासूमियत जीवन को हल्के में लेने का महत्व दर्शाती है।
- बचपन के खेल हमें वर्तमान में जीना और छोटी खुशियों का आनंद लेना सिखाते हैं।
- बच्चों का उत्साह और स्वाभाविक प्रेम प्रेरणादायक होता है।
- व्यस्त जीवन में बचपन की यादें ताजा करके तनाव कम किया जा सकता है।
- प्रकृति से जुड़ना, रचनात्मक बनना और जिज्ञासु रहना मानसिक और शारीरिक स्वास्थ्य के लिए अच्छा है।
- बचपन की मासूमियत अपनाने से जीवन में खुशी और संतुलन आता है, जैसा कि रवि के उदाहरण से स्पष्ट है।

एक बच्चे की तरह खेलना: क्या भागदौड़ भरी ज़िंदगी में हम उस सहज आनंद और हल्केपन को भूल गए हैं जो बचपन में हमारे पास था?

- जीवन की गंभीरता में हमने मासूमियत खो दी है जो हर पल का आनंद लेना सिखाती थी।
- अब हम छोटी–छोटी चीजों में वैसी खुशी महसूस नहीं कर पाते जैसी पहले करते थे।
- यह विचार हमें व्यस्त जीवन से पल निकालकर अपने भीतर के बच्चे को जगाने के लिए प्रेरित करता है।

- वह बच्चा बिना चिंता के सिर्फ खेलने और खुश रहने में विश्वास रखता था।

प्रकृति से जुड़ना

(प्रकृति की सुंदरता का आनंद लें और शांति का अनुभव करें)

आज के युग में, जहां तकनीक और शहरीकरण ने हमारी दिनचर्या को पूरी तरह बदल दिया है, प्रकृति से जुड़ाव एक ऐसी औषधि है, जो हमारे मन और शरीर को स्वस्थ रखने में सहायता करती है। हरे-भरे जंगलों में टहलना, समुद्र की लहरों का संगीत सुनना, या एक शांत झील के किनारे बैठकर ध्यान करना—यह सब हमें जीवन के वास्तविक सौंदर्य से जोड़ता है।

प्रकृति से जुड़ने का महत्व प्रकृति के साथ समय बिताने से हम स्वयं को बेहतर ढंग से समझ पाते हैं। यह हमें सिखाती है कि सादगी में भी अनंत खुशी है। विभिन्न शोधों ने यह प्रमाणित किया है कि प्रकृति में समय बिताने से हमारा मानसिक तनाव कम होता है, रचनात्मकता बढ़ती है और हमारी संज्ञानात्मक क्षमताएं भी बेहतर होती हैं।

इसके लिए एक उदाहरण है जंगलों की सैर करना। जापान में 'फॉरेस्ट बाथिंग' (शिरीन-योकू) नामक एक प्रथा बहुत प्रचलित है, जहां लोग जंगलों में कुछ घंटों तक पैदल चलते हैं। यह प्रथा तनाव को कम करती है और मन को शांति प्रदान करती है।

सुबह के समय पक्षियों की चहचहाहट सुनना मन को नई ऊर्जा से भर देता है। पक्षियों की गतिविधियों को देखना हमें उनकी साधारण जीवनशैली से जुड़ने का मौका देता है।

प्राकृतिक सौंदर्य का आनंद लेने के लिए प्रातः: सूर्योदय और सूर्यास्त का आनंद लें। सूरज के उगने और डूबने का समय प्रकृति का सबसे सुंदर और शांतिपूर्ण क्षण होता है। यह हमें स्फूर्ति तथा आनंद से सराबोर कर देता

है। यह जीवन के नए आरंभ और समापन का प्रतीक है।

प्रातः: के समय ध्यान और योग करें। प्रकृति की गोद में बैठ कर ध्यान लगाना या योग करना हमें आंतरिक रूप से शांति से भर देता है। किसी पहाड़ की चोटी पर ध्यान करना या नदी किनारे बैठकर गहरी सांस लेना अद्भुत अनुभव हो सकता है। कभी इस अभ्यास को करते हुए प्रकृति के सानिध्य का भी आनंद लें।

घर आँगन में गृह वाटिका लगाएं। अपने घर में छोटे-छोटे पौधे लगाकर अपने आप को प्रकृति को समीप से अनुभव करें। इससे जब आप पौधों को बढ़ते हुए देखते हैं, तो एक विचित्र सी प्रसन्नता का आभास होता है।

प्रकृति के सानिध्य का अनुभव करने के लिए छोटी-छोटी यात्राएं करना बेहद सुखद हो सकता है। झीलों, जंगलों, और पहाड़ों की यात्रा कर प्रकृति के विभिन्न अद्भुत पहलुओं को जानने और समझने का प्रयास करें। इन यात्राओं के दौरान आप प्रकृति की ताजगी, शांत वातावरण, और उसकी अनूठी सुंदरता का आनंद ले सकते हैं। यह अनुभव आपके मन को एक विचित्र और सुखद प्रफुल्लता से भर देगा, और हमें आत्मिक रूप से प्रेरित करेगा।

अनन्या एक बड़ी कंपनी की प्रबंधक थी। उसकी ज़िंदगी तेजी से दौड़ती थी—दिनभर बैठकों में व्यस्त रहना, लक्ष्य हासिल करने की दौड़, और कई जिम्मेदारियां निभाना। इस भागदौड़ भरी जिंदगी में वह स्वयं को कहीं खो चुकी थी। हर दिन उसे एक जैसा लगने लगा था, और उसके भीतर एक अजीब-सी बेचैनी घर कर गई थी।

एक दिन, उसकी दोस्त रिया ने उसे सुझाव दिया, "तुम्हें प्रकृति के समीप जाने की ज़रूरत है। चलो, इस वीकेंड पर जंगल सफारी के लिए

चलते हैं।"

पहले तो अनन्या ने समय की कमी का बहाना बनाकर मना कर दिया, लेकिन रिया की ज़िद के आगे उसे मानना पड़ा।

दोनों दोस्त एक छोटे से सुंदर पहाड़ी इलाके में पहुंचीं, वहां घने जंगल, साफ हवा, और हरियाली देखकर अनन्या को ऐसा लगा जैसे वह किसी दूसरी दुनिया में आ गई हो। शहर की चहल-पहल से दूर, चारों ओर पक्षियों की चहचहाहट, सिर्फ हरियाली, ताज़ा खुशबू और बहती नदी का मधुर संगीत, यह सब कुछ उसे अलग अहसास दिला रहा था।

गाइड के साथ जंगल में घूमते हुए अनन्या ने पहली बार असली शांति का अनुभव किया। हर कदम पर उसे प्रकृति की सुंदरता ने मंत्रमुग्ध कर दिया।

घूमते-घूमते वे एक छोटी झील के किनारे पहुंचे। सूरज धीरे-धीरे डूब रहा था, और आसमान नारंगी और गुलाबी रंगों से सज गया था। झील के पानी में यह रंगीन आकाश मानो उतर आया हो। अनन्या ने उस पल पहली बार स्वयं को हल्का और शांत महसूस किया।

अनन्या ने पहली बार स्वयं को पूरी तरह शांत और हल्का महसूस किया। उसने रिया से कहा, "मैंने कभी नहीं सोचा था कि मैं इस तरह की सुंदरता का अनुभव कर पाएंगे। यहाँ आकर मुझे एहसास हुआ है कि हम कितनी छोटी-छोटी चीजों में उलझे रहते हैं।"

रिया मुस्कुराई और बोली, "यही तो प्रकृति की शक्ति है। यह हमें सिखाती है कि सादगी में भी गहराई और शांति होती है।"

इस अनुभव ने अनन्या की सोच बदल दी। जंगल सफारी के बाद उसने फैसला किया कि वह हर महीने प्रकृति के समीप कुछ दिन बिताएगी। अब

वह हर सुबह उठकर सूरज की किरणों का स्वागत करती थी, पक्षियों की चहचहाहट सुनती थी, और अपने आसपास की सुंदरता को निहारती थी।

उसे एहसास हुआ कि शांति पाने के लिए दूर जाने की जरूरत नहीं है। प्रकृति हमेशा हमारे पास है, बस हमें उसे देखने और महसूस करने का समय निकालना होगा।

अनन्या की कहानी हमें यह सिखाती है कि जब भी जिंदगी बोझिल लगे, तो प्रकृति का सहारा लें। उसकी सादगी और खूबसूरती में आत्मिक शांति और नई ऊर्जा छिपी होती है। यह न केवल हमें तनाव मुक्त करता है, बल्कि जीवन को एक नई दिशा भी देता है।

प्रकृति से प्रेरणा प्राप्त करने का एक उदाहरण महात्मा गांधी का भी है। महात्मा गांधी ने हमेशा प्रकृति के समीप रहने पर जोर दिया था। उनका मानना था कि धरती माता की गोद में शांति और स्थिरता है। उनका जीवन इस बात का प्रमाण है कि सादगी में भी संतुष्टि संभव है।

लियोनार्डो दा विंची का दृष्टिकोण भी इस बात का एक सशक्त उदाहरण है। दा विंची का मानना था कि प्रकृति जीवन की सबसे बड़ी शिक्षक है। उनकी पेंटिंग और आविष्कार प्रकृति के अध्ययन पर ही आधारित थे।

प्रकृति हमें ना केवल सुंदरता का आनंद लेने का अवसर प्रदान करती है, बल्कि यह हमारे भीतर शांति खोजने का मार्ग भी दिखाती है। उनकी कहानी से हमें प्रेरणा मिलती है कि जब भी हमें जीवन में उलझन और तनाव महसूस हो, तो हमें प्रकृति के समीप जाना चाहिए। वहां न केवल हमारे सवालों के जवाब मिलते हैं, बल्कि हमारी आत्मा भी सच्ची शांति का अनुभव करती है।

प्रकृति से जुड़ना हमें यह सिखाता है कि जीवन केवल भागदौड़ और

समस्याओं तक ही सीमित नहीं है, बल्कि यह हमें सादगी, सहनशीलता और संतुलन का पाठ भी पढ़ाती है। नियमित रूप से प्रकृति के साथ समय बिताने से जीवन में ना केवल आनंद बढ़ता है, बल्कि इससे हमें मानसिक शांति भी प्राप्त होती है।

तो चलिए, प्रकृति की गोद में स्वयं को खोकर जीवन को नई ऊर्जा और संतुलन दें। एक छोटे से कदम से आप अपने जीवन में एक बड़ा परिवर्तन ला सकते हैं। क्या आप भी कभी प्रकृति के समीप जाने और उसकी सुंदरता का आनंद लेने का विचार कर रहे हैं? अब समय है कि आप इसे अपनी प्राथमिकता बनाएं।

उपरोक्त लेख के कुछ स्मरणीय अंश:

- आधुनिक जीवन में प्रकृति से जुड़ना आवश्यक है।
- प्रकृति के साथ समय बिताने से मानसिक तनाव कम होता है, रचनात्मकता बढ़ती है और शांति मिलती है।
- प्रकृति से जुड़ने के तरीकों में घूमना, पक्षियों की सुनना, सूर्योदय/सूर्यास्त देखना, ध्यान/योग करना, पौधे लगाना और यात्रा करना शामिल है।
- अनन्या की कहानी दिखाती है कि प्रकृति के पास आने से शांति और नई ऊर्जा मिलती है।
- गांधी और दा विंची जैसे महान व्यक्तियों ने भी प्रकृति के महत्व को समझा।
- प्रकृति हमें सुंदरता, शांति, सादगी, सहनशीलता और संतुलन सिखाती है, इसलिए इसे प्राथमिकता देनी चाहिए।

क्या हम अपनी आधुनिक जीवनशैली की आपाधापी में उस शांत और उपचारात्मक शक्ति को अनदेखा कर रहे हैं जो प्रकृति हमें सहज रूप से प्रदान करती है?

- तकनीक और शहरी जीवन की व्यस्तता में हमने प्रकृति के साथ अपना गहरा संबंध खो दिया है।
- अब हम पेड़ की छाँव या नदी के किनारे चलने से मिलने वाली शांति और सुकून को महसूस नहीं कर पाते।
- यह विचार हमें अपनी दिनचर्या से समय निकालकर प्रकृति की सुंदरता का अनुभव करने और शांति प्राप्त करने के लिए प्रोत्साहित करता है।
- आधुनिक जीवन की भागदौड़ में अक्सर यह शांति खो जाती है।

नई चीजें सीखना

(अपने दिमाग को चुनौती दें और नई प्रतिभाओं का विकास करे)

हमारा मस्तिष्क, शरीर की मांसपेशियों की तरह ही काम करता है। एक मांसपेशी के समान है। जैसे शरीर को स्वस्थ और मजबूत बनाने के लिए व्यायाम की जरूरत होती है, वैसे ही मस्तिष्क को भी चुनौती देकर अधिक सक्रिय और तेज बनाया जा सकता है। इसे प्रशिक्षित करना न केवल बौद्धिक विकास के लिए आवश्यक है, बल्कि मानसिक और भावनात्मक संतुलन के लिए भी लाभकारी है। नई प्रतिभाओं को विकसित करने से जीवन में उत्साह और ताजगी आती है।

आर्यन एक सामान्य नौकरीपेशा व्यक्ति था। उसकी दिनचर्या नीरस और एक जैसी थी—सुबह ऑफिस जाना, काम करना, और घर आकर टीवी देखना। उसे लगता था कि उसका जीवन बेजान और नीरस हो गया है।

एक दिन, आर्यन के एक दोस्त ने उसे सुझाव दिया, "तुम्हें अपनी जिंदगी में कुछ नया सीखने का प्रयास करना चाहिए। क्यों न तुम गिटार बजाना सीखो?" आर्यन को संगीत में कभी रुचि नहीं थी, फिर भी उसने इसे एक चुनौती के रूप में लिया।

आरम्भ में, गिटार की तारों पर उंगलियां चलाना उसके लिए कठिन था। उसकी उंगलियां तारों पर सही से नहीं चल पाती थीं, लेकिन उसने हार नहीं मानी। धीरे-धीरे, वह हर दिन थोड़ा अभ्यास करने लगा। कुछ ही महीनों में, न केवल उसने गिटार बजाना सीख लिया, बल्कि उसने संगीत की गहराई

को समझना भी शुरू कर दिया। उसकी रुचि संगीत में इतनी बढ़ी कि वह अपने दोस्तों के साथ छोटे आयोजनों में गिटार बजाने लगा।

इस अनुभव ने आर्यन को सिखाया कि जब हम अपने मस्तिष्क को चुनौती देते हैं, तो न केवल वह अद्भुत तरीके से विकसित होता है, बल्कि जीवन के प्रति आपकी धारणा भी बदल जाती है।

इसी प्रकार दिमाग को चुनौती देने के कई तरीके हो सकते हैं, जैसे :

1. कुछ नया सीखना: एक नई भाषा सीखना मस्तिष्क के लिए एक अद्भुत व्यायाम है। इससे स्मरण शक्ति, ध्यान, और समस्या-समाधान के कौशल में सुधार होता है। उदाहरण के लिए, किसी ने अंग्रेजी के साथ-साथ स्पेनिश भाषा सीखना आरम्भ किया और महसूस किया कि यह न केवल यात्रा में उपयोगी था, बल्कि उनके मस्तिष्क के कार्यक्षमता में भी सुधार हुआ।

2. रचनात्मक कार्यों में हाथ आजमाएं: रंग भरना, पेंटिंग करना, लिखना या संगीत बनाना मस्तिष्क के रचनात्मक भाग को सक्रिय करता है। उदाहरण के लिए, एक लेखिका जो सिर्फ तकनीकी लेख लिखती थी, उसने कविता लिखने का प्रयास किया और पाया कि इससे उसकी लेखन शैली में निखार आया है।

3. संगीत या नृत्य सीखें: संगीत के नए वाद्ययंत्र या नृत्य के नए रूप सीखने से आपके मस्तिष्क का समन्वय और ध्यान बेहतर होता है।

4. नए कौशल विकसित करें: डिजिटल युग में, नई तकनीकों को सीखना मस्तिष्क को चुनौती देने का बेहतरीन उपाय है। आज के डिजिटल युग में, ऑनलाइन पाठ्यक्रमों की भरमार है। जैसे, एक 40 वर्षीय व्यक्ति ने ग्राफिक डिजाइनिंग का कोर्स किया और अपनी रचनात्मकता को व्यवसाय

में बदल दिया।

थॉमस एडिसन ने कभी भी असफलताओं को अपनी यात्रा में बाधा नहीं बनने दिया। उन्होंने कहा था, "मैंने असफलता नहीं पाई, मैंने 10,000 तरीके सीखे हैं जो काम नहीं करते।" उनका यह कथन हमें दिखाता है कि असफलता भी सीखने का भाग है।

इसी प्रकार हेलेन केलर ने दृष्टिहीन और बधिर होते हुए भी उन्होंने ब्रेल भाषा में पढ़ना और लिखना सीखा।। उनका जीवन हमें सिखाता है कि जब हम अपने मस्तिष्क को चुनौती देते हैं, तो असंभव भी संभव हो सकता है।

मस्तिष्क को सक्रिय रखने के भी बहुत लाभ हैं। जैसे इससे स्मरण शक्ति का विकास होता है और मानसिक व्यायाम से मस्तिष्क की स्मरण शक्ति बढ़ती है।

इसी प्रकार नई चीजें सीखने से आत्मविश्वास बढ़ता है और तनाव कम होता है और रचनात्मकता में सुधार से रचनात्मकता बढ़ती है।

इसके साथ ही अध्ययन यह भी बताते हैं कि नियमित मस्तिष्क को सक्रिय रखने से उम्र बढ़ने पर मानसिक रोगों का खतरा कम होता है।

मस्तिष्क को चुनौती देना और नई प्रतिभाओं का विकास करना जीवन में न केवल बौद्धिक, बल्कि भावनात्मक और मानसिक संतुलन भी लाता है। नई चीजें सीखने का प्रयास हमारे सोचने के तरीके को बदल सकता है और जीवन को अधिक रोमांचक बना सकता है।

तो, आप किस नई प्रतिभा को सीखने का प्रयास करेंगे? याद रखें, सीखने की कोई उम्र नहीं होती, और हर प्रयास हमारे मस्तिष्क को एक नई ऊंचाई तक ले जाता है।

उपरोक्त लेख के कुछ स्मरणीय अंश:

- मस्तिष्क एक मांसपेशी की तरह है जिसे चुनौती देना और नई चीजें सिखाना आवश्यक है।
- नई प्रतिभाओं का विकास बौद्धिक, मानसिक और भावनात्मक संतुलन के लिए फायदेमंद है और जीवन में उत्साह लाता है।
- नई भाषाएँ सीखना, रचनात्मक कार्य, संगीत/नृत्य सीखना और नए कौशल विकसित करना मस्तिष्क को चुनौती देने के प्रभावी तरीके हैं।
- एडिसन और केलर के उदाहरण असफलता को सीखने का हिस्सा और प्रेरणा बताते हैं।
- मस्तिष्क को सक्रिय रखने से स्मरण शक्ति, आत्मविश्वास, रचनात्मकता बढ़ती है और तनाव कम होता है।
- यह लेख पाठकों की नई प्रतिभाएँ सीखने के लिए प्रेरित करता है, क्योंकि सीखने की कोई उम्र नहीं होती।

क्या हम अपनी आरामदायक आदतों की सीमा में बांधकर अपने मस्तिष्क की असीम क्षमता को अप्रयुक्त छोड़ रहे हैं?

- हम आसान रास्तों पर चलकर अपने दिमाग को नई चुनौतियों और विकास से वंचित कर रहे हैं।
- नई चीजें सीखने और प्रतिभाओं का विस्तार करने से मिलने वाला रोमांच और संतुष्टि हम खो रहे हैं।

- यह विचार हमें सीमाओं से बाहर निकलने, नए कौशल आजमाने और मस्तिष्क को उत्तेजित रखने के लिए प्रोत्साहित करता है।
- ऐसा करने से हमारी सोच और जीवन दोनों समृद्ध होंगे।

यात्रा करना

(नए लोगों और संस्कृतियों से मिलें और अपने दृष्टिकोण को विस्तार दें)

हमारे दृष्टिकोण और सोचने की क्षमता का बड़ा भाग हमारी परवरिश, परिवेश और अनुभवों से बनता है। जब हम नई संस्कृतियों, परंपराओं, और विचारों से परिचित होते हैं, तो हमारी सोच का दायरा विस्तृत होता है। नए लोगों और संस्कृतियों से मिलना न केवल हमारे जीवन को समृद्ध करता है, बल्कि हमें सहिष्णुता, समझदारी, और परिपक्वता की ओर भी ले जाता है।

अनन्या एक छोटे शहर की रहने वाली लड़की थी, जिसने अपने जीवन का अधिकांश भाग अपने परिवार और दोस्तों के साथ व्यतीत किया था। उसे अपने आस-पास की चीज़ें बहुत ही सामान्य लगती थीं। उसने कभी यह नहीं सोचा था कि दुनिया उसके छोटे से गांव से बाहर कितनी विविधतापूर्ण हो सकती है।

एक दिन, उसे अपने कॉलेज के माध्यम से एक एक्सचेंज कार्यक्रम में भाग लेने का अवसर प्राप्त हुआ। इस कार्यक्रम के हेतु उसे जापान जाना था। पहले तो अनन्या जापान जाने से झिझक रही थी—नई भाषा, नए लोग, और पूर्णतया अलग संस्कृति। अपने परिवार और दोस्तों के प्रोत्साहन से उसने इसके लिए साहस जुटाया और यात्रा पर निकल पड़ी।

जापान पहुंचने के बाद, उसने महसूस किया कि वहां की संस्कृति कितनी अलग थी। वहां का अनुशासन, समय की पाबंदी, और लोगों का विनम्र स्वभाव उसे बहुत अच्छा लगा। उसने उनके रीति-रिवाजों, खानपान, और कार्यशैली को समझने का प्रयास किया।

एक दिन, अनन्या को वहाँ के एक पारंपरिक चाय समारोह में भाग लेने

का अवसर प्राप्त हुआ। यह अनुभव उसके लिए पूर्णतया विचित्र था। चाय बनाने और परोसने की प्रक्रिया इतनी शांतिपूर्ण और सुव्यवस्थित थी कि उसने इस से सीखा कि इन छोटी-छोटी चीजों में भी कितना और आनंद छिपा होता है।

जब वह इस यात्रा से भारत वापस लौटी, तो उसने महसूस किया कि इस अनुभव से न केवल उसे एक नई संस्कृति से परिचित कराया, बल्कि उसे धैर्य और विनम्रता का पाठ भी सिखाया। उसने अपने दोस्तों को जापानी परंपराओं के विषय में बताया जिससे उनमें भी इस तरह के अनुभवों के प्रति जिज्ञासा उत्पन्न हुई।

नए लोगों और संस्कृतियों से जुड़ने से हमारे दृष्टिकोण का विस्तार होता है। जब हम नई संस्कृतियों से परिचित होते हैं और उनका अनुभव करते हैं, तो हमारी सोच का दायरा बहुत बढ़ जाता है। हमें यह समझ में आने लगता है कि हर संस्कृति की अपनी विशेषताएं और चुनौतियां होती हैं।

सहिष्णुता और समझ से हमारा दृष्टिकोण का दायरा विस्तृत होता है। विभिन्न परंपराओं और जीवन शैलियों को समझने से हम दूसरों के प्रति अधिक सहिष्णु और समझदार बनते हैं।

नई संस्कृति के संपर्क में आने से नई भाषा और अन्य कई प्रकार के कौशल सीखने का अवसर मिलता है। इससे हमारा यह मस्तिष्क भी सक्रिय और जागरूक होता है।

इससे हमारा व्यक्तिगत विकास होता है। अलग-अलग लोगों से मिलने और उनकी जीवनशैली को समझने से हम अपनी कमजोरियों को पहचानते हैं और स्वयं को बेहतर बनाने का प्रयास करते हैं।

महात्मा गांधी इसका एक उदाहरण हैं। महात्मा गांधी ने अपने जीवन में

अलग-अलग भाषा और संस्कृतियों के साथ जुड़कर उनके विचारों को समझा और अपने जीवन में अपनाया। दक्षिण अफ्रीका में उनके अनुभवों ने उन्हें भारतीय स्वतंत्रता संग्राम के लिए प्रेरित किया।

पाकिस्तान की युवा एक्टिविस्ट मलाला यूसुफजई ने दुनिया के अलग-अलग भागों में महिलाओं और बच्चों के अधिकारों के लिए संघर्ष किया और उनके हित के लिए आवाज उठाई। मलाला के अनुभव यह दिखाते हैं कि विविध संस्कृतियां हमें किस प्रकार से प्रभावित करती हैं और हमारे विचारों को समृद्ध कर सकती हैं।

फेसबुक के संस्थापक, मार्क जुकरबर्ग भी इसका एक बेहतरीन उदाहरण हो सकते हैं। मार्क जुकरबर्ग ने अपने व्यवसाय में सफलता प्राप्त करने के लिए विभिन्न संस्कृतियों के लोगों के विचारों और सुझावों को अपनाया।

इस सबसे हमें अपने दृष्टिकोण का विस्तार करने के लिए प्रेरणा प्राप्त होती है, किन्तु इस के लिए हमें निम्नलिखित उपायों को अपनाने का प्रयास करना चाहिए।

सर्वप्रथम हमें यात्रा करनी चाहिए। जितना संभव हो, नए नए स्थानों पर जाएं। वहां के रीति-रिवाजों, परंपराओं, और खानपान का अनुभव लें और उन्हें समझने का प्रयास करें। ।

विभिन्न प्रकार के सांस्कृतिक कार्यक्रमों में भाग लें। अपने शहर या देश में आयोजित होने वाले सांस्कृतिक उत्सवों में भाग लें।

नई नई भाषाएं सीखें। भाषा सीखने से भी आप नई संस्कृतियों को बेहतर तरीके से समझ सकते हैं।

इसके लिए ऑनलाइन प्लेटफॉर्म का उपयोग किया जा सकता है।

आजकल सोशल मीडिया और अन्य डिजिटल प्लेटफ़ॉर्म के माध्यम से आप विभिन्न संस्कृतियों के लोगों के साथ जुड़ सकते हैं और उनसे उनके विचार और अनुभवों को जान सकते हैं और सीख सकते हैं।

इससे यह निष्कर्ष प्राप्त होता है कि नए नए लोगों और संस्कृतियों से जुड़ना हमारे जीवन को एक नई दिशा देता है। यह न केवल हमें विविधता का अनुभव कराता है, बल्कि हमारे दृष्टिकोण को विस्तृत कर हमें एक बेहतर इंसान भी बनाता है। जीवन के हर चरण में नई संस्कृतियों से सीखने का प्रयास करें, क्योंकि इससे हमें पता चलता है कि दुनिया कितनी बड़ी और खूबसूरत है।

तो, आप किस संस्कृति को जानने की शुरुआत करेंगे? याद रखें, हर नई संस्कृति हमारे लिए एक नए दृष्टिकोण का द्वार खोलती है।

उपरोक्त लेख के कुछ स्मरणीय अंश:

- हमारी सोच परिवेश और अनुभवों से बनती है।
- नई संस्कृतियों और लोगों से मिलने पर हमारा दृष्टिकोण व्यापक होता है।
- अनन्या की जापान यात्रा नई संस्कृति से धैर्य और विनम्रता सीखने का उदाहरण है।
- विभिन्न संस्कृतियों से जुड़ना सहिष्णुता, समझदारी और व्यक्तिगत विकास लाता है।
- गांधी, मलाला और जुकरबर्ग ने विभिन्न संस्कृतियों से सीख कर अपने विचारों को समृद्ध किया।

- दृष्टिकोण विस्तार के लिए यात्रा, सांस्कृतिक कार्यक्रमों में भाग लेना, नई भाषाएँ सीखना और ऑनलाइन माध्यमों का उपयोग करना महत्वपूर्ण है।
- नई संस्कृतियों से जुड़ना जीवन को नई दिशा देता है और हमें बेहतर इंसान बनाता है।

चिंतन हेतु मुख्य बिंदु:

- क्या हम अपनी रोजमर्रा की जिंदगी में उन सूक्ष्म सांस्कृतिक अंतरों को अनदेखा कर देते हैं जो हमारे आसपास ही मौजूद हैं?
- क्या तकनीक, जो हमें दुनिया से जोड़ती है, वास्तव में हमें विभिन्न संस्कृतियों को गहराई से समझने में मदद कर रही है, या यह केवल सतही संपर्क प्रदान करती है?
- अगली बार जब आप किसी ऐसे व्यक्ति से मिलें जिसकी पृष्ठभूमि आपसे अलग हो, तो आप उनकी संस्कृति को समझने के लिए कौन सा पहला कदम उठाएंगे?
- क्या हमारी अपनी संस्कृति हमें अनजाने में अन्य संस्कृतियों के प्रति पूर्वाग्रहों से भर देती है? हम इन पूर्वाग्रहों को कैसे दूर कर सकते हैं?
- क्या बच्चों को कम उम्र से ही विभिन्न संस्कृतियों के बारे में सिखाना उन्हें अधिक खुले विचारों वाला और सहिष्णु नागरिक बना सकता है?

दूसरों की सहायता करना

(दूसरों की सेवा करके प्रसन्नता का अनुभव करें)

मानव जीवन का सबसे बड़ा उद्देश्य केवल अपने लिए ही नहीं, बल्कि दूसरों के लिए भी कुछ करना है। जब हम किसी और की भलाई के लिए कुछ करते हैं, तो इससे हमें जो आत्मिक संतोष और प्रसन्नता मिलती है, वह अन्य किसी भी प्रकार की खुशी से अलग होती है। परोपकार का यह भाव हमें जीवन में न केवल गहरी संतुष्टि देता है, बल्कि हमें एक बेहतर इंसान बनने की प्रेरणा भी देता है।

एक छोटे से गांव में रघु नाम का व्यक्ति रहता था। रघु के पास धन और संसाधनों की कोई कमी नहीं थी, लेकिन उसे हमेशा ऐसा लगता था कि उसके जीवन में कुछ अधूरा है। उसे अपने जीवन से न संतोष था और न ही खुशी।

एक दिन गांव के मंदिर में एक संत ने उससे कहा, "रघु, यदि तुम्हें सच्ची खुशी चाहिए, तो अपने लिए नहीं, दूसरों के लिए जीने का प्रयास करो। सेवा में जो सुख है, वह किसी और चीज़ में नहीं। इससे तुम्हें एक प्रकार की संतुष्टि प्राप्त होगी।"

रघु ने संत की बात मानी और गांव के अनाथालय में सेवा करने का निश्चय किया। वहां उसने बच्चों को पढ़ाने और उनके साथ खेल-कूद करने में अपना समय व्यतीत करने के साथ साथ उनके लिए कपड़े और किताबें खरीदने में भी सहायता करने लगा। आरंभ में उसे यह सब केवल एक जिम्मेदारी ही लगती थी, लेकिन धीरे-धीरे उसने महसूस किया कि इन बच्चों

की खुशी में ही उसकी सच्ची खुशी है।

एक दिन, एक बच्चा, अमन, रघु के पास आया और बोला, "आप हमारे जीवन में भगवान की तरह आए हैं। आपने हमें जो प्यार और शिक्षा दी है, वह हमें कभी नहीं मिला।" इस बात ने रघु के दिल को छू लिया। रघु की आंखों में खुशी के आंसू आ गए। उसे महसूस हुआ कि दूसरों की सेवा भाव में जो सुख है, वह किसी अन्य चीज़ में नहीं।

इसके बाद, रघु ने अपनी संपत्ति का एक भाग गांव के विकास और शिक्षा में लगा दिया। इस सेवा ने न केवल गांव का विकास किया, बल्कि यह सब रघु के जीवन में भी आनंद और संतोष का एक स्रोत बन गया।

हमारे जीवन में सेवा का बहुत महत्व और लाभ है। दूसरों की सेवा और सहायता करने से हमें आत्मिक शांति मिलती है। यह हमारे भीतर के तनाव और असंतोष को कम करता है।

सेवा का मतलब केवल व्यक्तिगत खुशी ही नहीं है, बल्कि यह समाज को बेहतर बनाने का एक प्रयास भी है।

इससे हमारे दूसरों के साथ संबंधों में सुधार होता है। जब हम दूसरों के साथ अच्छा करते हैं, तो इससे हमारे संबंध और भी मजबूत होते हैं।

इससे हमारे स्वास्थ्य पर सकारात्मक प्रभाव पड़ता है। अध्ययन बताते हैं कि दूसरों की सहायता करने से हमारा मानसिक स्वास्थ्य बेहतर होता है और तनाव कम होता है।

प्रेरणादायक व्यक्तित्व इस बात का सशक्त उदाहरण हैं। जैसे मदर टेरेसा ने अपना पूरा जीवन गरीबों, बीमारों, और बेसहारा लोगों की सेवा में समर्पित कर दिया। उनकी सेवा का प्रभाव इतना गहरा था कि उन्हें नोबेल शांति पुरस्कार से सम्मानित किया गया।

करमचंद गांधी जी ने दूसरों की भलाई के लिए अपना जीवन समर्पित किया। उनकी अहिंसा और सत्य की नीतियां पूरे विश्व के लिए प्रेरणा बनीं।

इंफोसिस फाउंडेशन की संस्थापक सुधा मूर्ति ने समाज के वंचित वर्गों की सहायता के लिए अनेकों पहल की हैं। उन्होंने शिक्षा, स्वास्थ्य, और महिलाओं के सशक्तिकरण के क्षेत्र में महत्वपूर्ण योगदान दिया है।

दूसरों की सेवा करने के कई तरीके हैं। जरूरतमंदों की सेवा करना। जैसे वृद्धाश्रम, अनाथालय, या अस्पतालों में जाकर शारीरिक रूप से सेवा करना।

किसी भी जरूरतमंद की आर्थिक रूप से सहायता करना, जैसे कि किसी विद्यार्थी को उसकी शिक्षा के लिए धन देना। बच्चों को पढ़ाना, व्यवसाय के लिए कौशल सिखाना, या पर्यावरण संरक्षण में समय देना। जरूरतमंदों को खाना खिलाना, किसी को मानसिक सहयोग देना, या अपने आसपास सफाई का ख्याल रखना।

हार्वर्ड मेडिकल स्कूल की एक रिपोर्ट के अनुसार, जो लोग दूसरों की सहायता करते हैं, उनमें अवसाद और चिंता की संभावना कम होती है।

वर्ल्ड हेल्थ ऑर्गनाइजेशन (WHO) ने भी यह पाया है कि सामाजिक सेवा में लगे लोगों का मानसिक स्वास्थ्य बेहतर होता है।

दूसरों की सेवा करके मिलने वाली खुशी न केवल हमें आत्मिक संतोष देती है, बल्कि यह हमारे जीवन को एक गहरी अर्थवत्ता से भर देती है। जब हम दूसरों की भलाई के लिए काम करते हैं, तो हमारे अंदर की करुणा और इंसानियत और मजबूत होती है।

तो, आज ही अपने जीवन में सेवा का कोई नया उपाय अपनाएं और महसूस कीजिए वह खुशी, जो केवल दूसरों की भलाई में छिपी होती है।

उपरोक्त लेख के कुछ स्मरणीय अंश:

- मानव जीवन का उद्देश्य दूसरों के लिए जीना है।
- सेवा से आत्मिक शांति मिलती है और तनाव कम होता है।
- मदर टेरेसा, गांधी और सुधा मूर्ति ने सेवा को समर्पित जीवन जिया।
- सेवा करने वालों में अवसाद और चिंता कम होती है।
- दूसरों की सेवा से मिलने वाली खुशी जीवन को अर्थवत्ता देती है।

फूड फॉर थॉट:

- क्या हम अक्सर अपनी व्यक्तिगत जरूरतों और इच्छाओं में इतने खो जाते हैं कि दूसरों की मदद करने का अवसर चूक जाते हैं?
- क्या सेवा केवल बड़े कार्यों तक ही सीमित है, या छोटे-छोटे दयालु कार्य भी उतना ही महत्वपूर्ण हो सकते हैं?
- क्या दूसरों की मदद करने की हमारी प्रेरणा निस्वार्थ होनी चाहिए, या क्या व्यक्तिगत संतुष्टि प्राप्त करना भी एक वैध कारण है?
- क्या समाज ऐसे ढांचे तैयार कर सकता है जो लोगों को दूसरों की सेवा करने के लिए अधिक प्रोत्साहित करें?
- क्या हम बच्चों को कम उम्र से ही दूसरों के प्रति सहानुभूति और सेवा का महत्व सिखा रहे हैं?

आत्म-विकास
भाग (2)

आभार व्यक्त करना

(हर दिन उन चीजों के लिए आभार व्यक्त करें जिनके लिए आप आभारी हैं)

आभार व्यक्त करना केवल एक भावनात्मक अभ्यास नहीं है, बल्कि यह हमारे मानसिक, शारीरिक और भावनात्मक स्वास्थ्य को बेहतर बनाने का शक्तिशाली साधन है। जब हम जीवन की छोटी-छोटी खुशियों और उपलब्धियों के लिए धन्यवाद देना शुरू करते हैं, तो हमें न केवल अपने वर्तमान का महत्व समझ में आता है, बल्कि जीवन को अधिक सकारात्मक दृष्टिकोण से देखने की आदत भी विकसित होती है।

मार्कस ऑरेलियस: मार्कस ऑरेलियस एक रोमन सम्राट और स्टोइक दार्शनिक थे। उन्होंने अपनी पुस्तक 'मेडिटेशन' में कृतज्ञता के महत्व पर विस्तार से लिखा है। ऑरेलियस का मानना था कि हमें हर चीज के लिए आभारी होना चाहिए, चाहे वह कितनी भी छोटी क्यों न हो। उन्होंने अपने माता-पिता, शिक्षकों, और देवताओं के प्रति अपनी कृतज्ञता व्यक्त की है।

आभार व्यक्त करना एक सरल लेकिन प्रभावशाली अभ्यास है जो हमारे मानसिक स्वास्थ्य और समग्र जीवन की गुणवत्ता में सुधार कर सकता है। जब हम अपने जीवन की छोटी-छोटी खुशियों के लिए आभार व्यक्त करते हैं, तो हम नकारात्मकता को दूर करने और सकारात्मकता को बढ़ाने में सक्षम होते हैं।

इसके लिए प्रथम चरण में ही अपने भीतर सकारात्मकता लाने का प्रयास किया जाना चाहिए। इसके लिए एक युवा समीरा का उदाहरण लिया जा सकता है।

एक युवा महिला समीरा एक व्यस्त शहर में रहती है। उसके पास एक

चुनौतीपूर्ण नौकरी है और वह आमतौर पर काम के दबाव में रहती है और व्यक्तिगत जीवन की चुनौतियों से जूझती रहती है। एक दिन, उसने अपनी समस्या अपनी एक अनुभवी एवं मार्गदर्शक सहेली प्रीति जैन से बताई। प्रीती जैन ने उसे इस संदर्भ में कुछ सुझाव दिए।

सबसे पहला सुझाव था कि वह अपने जीवन में सकारात्मकता लाने का प्रयास करें। इसके लिए प्रथम चरण में वह एक डायरी लिखना आरम्भ करे। जिसमें प्रतिदिन जब वह सोने लगे तो सोने से पहले कम से कम तीन ऐसी बातों का उल्लेख अवश्य ही करे जिनके लिए वह आभारी है।

यह अभ्यास बहुत सरल है किन्तु आरम्भ में कुछ दिन, उसे यह अभ्यास कठिन लगा, किन्तु जैसे-जैसे दिन बीतने लगे, उसे इसमें आनंद आने लगा।

पहले दिन समीरा ने पहला सन्देश लिखा, "आज सुबह मैंने अपनी पसंदीदा चाय पी। वह गर्म और सुगंधित थी, जिसने मुझे दिन की शुरुआत के लिए ऊर्जा दी।"

इसके बाद उसने लिखा, "मेरे एक पुराने दोस्त ने मुझे एक संदेश भेजा, जिसमें उसने कहा कि वह मुझसे मिलने के लिए उत्सुक है। यह जानकर मुझे खुशी हुई।"

फिर तीसरी बात उसने लिखी, "आज का मौसम खुशनुमा था, और मैंने थोड़ी देर पार्क में बिताए। ताज़ी हवा ने मुझे राहत दी।"

अब जैसे-जैसे समीरा आभार व्यक्त करने का अभ्यास करती गई, उसे इसमें आनंद आने लगा। इससे उसे जीवन की छोटी छोटी खुशियों के प्रति पहचान मिलने लगी। जिससे धीरे धीरे उसका दृष्टिकोण बदलने लगा और उसके जीवन में भी अपेक्षाकृत परिवर्तन आने लगा। वह छोटी-छोटी चीजों में खुशी ढूँढने लगी। उसे महसूस हुआ कि जीवन में सुखद अनुभव केवल बड़ी

उपलब्धियों में नहीं, बल्कि रोजमर्रा की छोटी-छोटी घटनाओं में भी होते हैं।

एक महीने के नियमित अभ्यास के बाद, समीरा ने अपने जीवन में एक बड़ा परिवर्तन अनुभव किया। वह अब सकारात्मकता से भरी हुई थी। एक दिन उसने अपनी डायरी में लिखा,

"मैं आभारी हूँ कि मेरे पास एक नौकरी है जो मुझे चुनौती देती है, लेकिन मुझे सीखने का भी मौका देती है।"

"मेरे परिवार और दोस्तों का समर्थन मेरे लिए बहुत महत्वपूर्ण है।"

"मैंने स्वयं को बेहतर समझा है और अपने लिए समय निकालने का महत्व समझा है।"

यह एक बहुत ही सरल एवं सशक्त उदाहरण है। इस उदाहरण से स्पष्ट होता है कि आभार व्यक्त करना न केवल एक अभ्यास है, बल्कि यह जीवन की गुणवत्ता में सुधार का एक प्रभावी तरीका है। यह हमें याद दिलाता है कि हर दिन में कुछ खास होता है, और हमें उन क्षणों को पहचानने और सराहना करने की आवश्यकता है।

आभार व्यक्त करने के बहुत से उदाहरण हो सकते हैं। अपने प्रियजनों का साथ और उनका सहयोग हमारे लिए जीवन में एक अनमोल तोहफा है। जैसे हमें परिवार और दोस्तों के लिए आभार व्यक्त करना चाहिए। हम आमतौर पर अपने प्रियजनों के महत्व को भूल जाते हैं। उनके सहयोग और प्यार के लिए धन्यवाद देना हमारे संबंधों को मजबूत करता है।

एपिक्टेटस एक और स्टोइक दार्शनिक थे जिन्होंने कृतज्ञता को एक महत्वपूर्ण गुण माना। उन्होंने सिखाया कि हमें उन चीजों के लिए आभारी होना चाहिए जो हमारे नियंत्रण में हैं, जैसे कि हमारे विचार और कार्य। उन्होंने यह भी सिखाया कि हमें उन चीजों के लिए भी आभारी होना चाहिए

जो हमारे नियंत्रण में नहीं हैं, जैसे कि हमारी परिस्थितियाँ और भाग्य।

एक पिता ने हर दिन अपने बच्चों के साथ बिताए छोटे-छोटे पलों के लिए आभार व्यक्त करना आरम्भ किया। इससे उनके परिवार में एक सकारात्मक ऊर्जा और आपसी जुड़ाव में वृद्धि हुई।

हमारा स्वास्थ्य और जीवन सबसे बड़ी पूंजी है। इसका महत्व समझ कर हम इसके प्रति आभारी हो सकते हैं।

एक कैंसर सर्वाइवर ने अपनी बीमारी से उबरने के बाद हर दिन अपने स्वस्थ शरीर के लिए आभार प्रकट करना आरम्भ कर दिया। यह आदत उसके मानसिक स्वास्थ्य को मजबूत करने के लिए चमत्कारिक प्रमाणित हुई।

राल्फ वाल्डो इमर्सन एक अमेरिकी निबंधकार, व्याख्याता, और कवि थे जो ट्रान्सेंडैंटल लिज्म आंदोलन के नेता थे। उन्होंने अपनी रचनाओं में कृतज्ञता के विषय पर बार-बार लिखा है। इमर्सन का मानना था कि कृतज्ञता एक नैतिक कर्तव्य है और यह हमें अधिक खुश और संतुष्ट जीवन जीने में हमारी सहायता करती है।

प्रकृति और छोटे आनंद के लिए भी हमेशा ही अपना आभार व्यक्त करें। जीवन की सबसे बड़ी खुशियां आमतौर पर छोटी छोटी चीज़ों में ही छिपी होती हैं।

एक किसान सूरज की पहली किरण और ताज़ी हवा के लिए हर दिन आभार व्यक्त करता था। इससे उसे अपने परिश्रम का मूल्य समझने और प्रकृति के प्रति सम्मान बढ़ाने में सहायता मिली।

आभार व्यक्त करने से तनाव और चिंता में कमी आती है। जब हम दूसरों के योगदान के लिए धन्यवाद देते हैं, तो इससे हमारे संबंध और गहरे होते हैं।

अध्ययन बताते हैं कि आभार व्यक्त करने वाले लोग अधिक स्वस्थ रहते हैं और बेहतर नींद का अनुभव करते हैं। यह हमारे दिमाग में सकारात्मक हार्मोन को सक्रिय करता है।

हेनरी डेविड थॉरी एक अमेरिकी निबंधकार, प्रकृतिवादी, और दार्शनिक थे। उन्होंने वाल्डेन तालाब के किनारे एकांत में दो साल से अधिक समय बिताया और अपने अनुभवों को अपनी पुस्तक "वाल्डेन" में लिखा। थॉरी ने प्रकृति के प्रति अपनी गहरी कृतज्ञता व्यक्त की और सरल जीवन के आनंद पर जोर दिया।

यह आदत हमें हर परिस्थिति में खुशी और अवसर खोजने की क्षमता प्रदान करती है।

आभार व्यक्त करने के कई तरीके हो सकते है। इसके लिए 'आभार डायरी' लिखने की आदत विकसित करें। हर दिन इस डायरी में तीन चीजें लिखिए, जिनके लिए आप आभारी हैं।

ध्यान और प्रार्थना के माध्यम से अपने मन की भावनाओं को व्यक्त करें। यह भी अपने आभार की अभिव्यक्ति का एक उपाय हो सकता है।

अपने प्रियजनों को उनके सहयोग के लिए एक छोटा संदेश भेज कर भी उनके प्रति अपने आभार को व्यक्त किया जा सकता है।

छोटे छोटे उपहार भेज कर उन लोगों के प्रति अपना आभार प्रकट करें जिन्होंने आपकी ज़िंदगी में कोई सकारात्मक परिवर्तन लाया हो।

महात्मा गांधी जी ने हर दिन अपने अनुयायियों और अपने विरोधियों के प्रति भी आभार व्यक्त किया। उन्होंने जीवन की कठिनाइयों को आशीर्वाद के रूप में देखा।

नेल्सन मंडेला ने, 27 वर्षों तक जेल में रहने के बावजूद हमेशा अपने

जीवन और अवसरों के लिए आभार व्यक्त किया।

आभार व्यक्त करना जीवन को सरल और सुंदर बनाने की सबसे प्रभावशाली प्रक्रिया है। यह हमें न केवल अपने वर्तमान का आनंद लेने में हमारी सहायता करता है, बल्कि हमारे चारों ओर सकारात्मक ऊर्जा का संचार भी करता है। तो क्यों न आज से ही आभार व्यक्त करने की आदत शुरू की जाए?

याद रखें, आभार व्यक्त करना हमें यह देखने में हमारी सहायता करता है कि हमारे पास कितना कुछ है, बजाय इसके कि हम केवल उन चीजों पर ध्यान दें जो हमारे पास नहीं हैं।

तो क्यों न आज से ही इस आदत को अपनाया जाए और जीवन को नई दृष्टि से देखा जाए?

उपरोक्त लेख के कुछ स्मरणीय अंश:

- आभार व्यक्त करना मानसिक और भावनात्मक स्वास्थ्य के लिए शक्तिशाली है।
- छोटी खुशियों के लिए धन्यवाद देना सकारात्मकता बढ़ाता है।
- 'आभार डायरी' लिखना जीवन में सकारात्मक बदलाव ला सकता है।
- आभार व्यक्त करने से तनाव और चिंता कम होती है, रिश्ते बेहतर होते हैं।
- आभार जीवन को सरल और सुंदर बनाता है।

चिंतन हेतु मुख्य बिंदु:

- क्या हम छोटी–छोटी अच्छी चीजों को नजरअंदाज कर देते हैं जिनके लिए आभारी होना चाहिए?
- कठिन परिस्थितियों में आभार कैसे खोजा जा सकता है?
- क्या आभार का दिखावा करना भी लाभकारी हो सकता है?
- क्या हमारी संस्कृति आभार व्यक्त करने के लिए प्रोत्साहित करती है, या यह एक प्रयास की आवश्यकता है?
- क्या सोशल मीडिया हमारे आभार व्यक्त करने के तरीके को प्रभावित करता है?

माफ करना

(पुराने दर्द को छोड़ दें और आगे बढ़ें)

जीवन में ऐसे क्षण आते हैं जीवन में ऐसे क्षण आते हैं, जब कोई न कोई अनुभव हमें अंदर तक झकझोर देता है। यह दर्द, चाहे शारीरिक हो या भावनात्मक, लंबे समय तक हमें अपनी पकड़ में रख सकता है।लेकिन इसे थामे रखना न केवल हमारे मानसिक स्वास्थ्य को प्रभावित करता है, बल्कि हमारे वर्तमान और भविष्य को भी बाधित करता है।पुराने दर्द को छोड़ने और आगे बढ़ने का निर्णय हमें आत्मिक शांति और जीवन की नई ऊर्जा प्रदान करता है।

नेहा एक खुशमिजाज और महत्वाकांक्षी युवती थी। लेकिन उसकी जिंदगी तब बदल गई, जब एक सड़क दुर्घटना में उसने अपने सबसे अच्छे दोस्त को खो दिया। इस घटना ने उसे भीतर तक तोड़ दिया। नेहा ने स्वयं को हर चीज से दूर कर लिया और अपने आप को इस त्रासदी के लिए दोषी ठहराने लगी।

नेहा की एक सहेली, पूजा, उसकी स्थिति को समझ रही थी। एक दिन उसने नेहा को पढ़ने के लिए एक पुस्तक दी, जिसमें लिखा था, "दर्द को पकड़कर रखना स्वयं को अंधेरे कमरे में बंद करने जैसा है। यह आपकी ताकत को समाप्त करता है। इसे छोड़ना हमें नई ऊर्जा देता है। इसलिए इसे छोड़ दो और आगे बढ़ो।"

नेहा ने इसे अपनाने का प्रयास किया। उसने अपने दुख को स्वीकार किया और एक व्यक्तिगत पत्र लिखा, जिसमें उसने अपने दोस्त के लिए

अपनी भावनाओं को व्यक्त किया। उसने महसूस किया कि इस पत्र ने उसे अपने दिल का बोझ हल्का करने में उसकी सहायता की है। इसके बाद, उसने उन चीजों पर ध्यान देना शुरु किया जो उसकी जिंदगी में अभी भी उसके साथ थीं और अच्छी थीं। उसका परिवार, करियर, और उसकी इच्छाएं।

कुछ समय पश्चात, नेहा ने अपने दोस्त की याद को प्रेरणा के रूप में देखने का निर्णय लिया। उसने एक संगठन के साथ काम करना शुरू किया, जो सड़क सुरक्षा के प्रति जागरूकता फैलाता था। नेहा का यह कदम न केवल उसके लिए, बल्कि कई अन्य लोगों के लिए प्रेरणादायक बन गया।

पुराने दर्द को, पुरानी दुखद यादों को छोड़ देने से हमें बहुत लाभ मिलता है। इससे हमें मानसिक शांति का अनुभव होता है। इन्हें थामे रखने से हमारा तनाव और चिंता बढ़ती है। इसे छोड़कर मानसिक शांति पाई जा सकती है।

इससे स्वस्थ संबंधों का निर्माण होता है। बीते हुए कड़वे अनुभव वर्तमान संबंधों को प्रभावित कर सकते हैं। दर्द को छोड़ना नए और सकारात्मक संबंध बनाने में हमारी सहायता करता है।

पुराने दर्द को छोड़ने से हमें अपने में नई ऊर्जा और आत्मविश्वास का आभास होता है। इससे हम अपनी ऊर्जा को सकारात्मक चीजों में निवेश कर सकते हैं, और अपनी क्षमताओं को नए आयाम तक ले जा सकते हैं।

अब सवाल पैदा होता है कि पुराने दर्द को कैसे छोड़ा जा सकता है अथवा इसे छोड़ने के क्या उपाय हो सकते हैं। इसके लिए सर्वप्रथम तो हमें इसे स्वीकार कर लेना चाहिए। यह मान लेना कि चाहिए जो हो गया है उसे परिवर्तित नहीं किया जा सकता। जैसा है वैसा ही है। भूतकाल को वर्तमान में नहीं लाया जा सकता। हम उससे सीख सकते हैं।

अपनी भावनाओं को मुक्त हृदय से व्यक्त करें। अपनी भावनाओं को डायरी में लिखें, किसी समीपी से उन्हें साझा करें, या किसी विशेषज्ञ से सलाह लें।

इसका एक उपाय दूसरों को माफ करना भी है। माफी का मतलब किसी अन्य व्यक्ति के गलत काम को सही ठहराना नहीं है, बल्कि यह है कि आप स्वयं को उस नकारात्मकता से मुक्त कर रहे हैं।

ध्यान और योग भी इसके लिए सहायक हो सकते हैं। ध्यान और योग मानसिक शांति बनाए रखने और नकारात्मकता को कम करने में सहायक होते हैं।

कभी कभी इसके लिए कोई नई शुरुआत भी करें। एक नया शौक अपनाएं या किसी ऐसे काम में लगें, जो हमें खुशी और संतोष देता हो।

27 साल जेल में बिताने के पश्चात भी नेल्सन मंडेला ने अपने जेलर और दुश्मनों को माफ कर दिया था। उनका यह कदम न केवल उनके लिए बल्कि पूरी दुनिया के लिए एक प्रेरणादायक उदाहरण बना।

मलाला यूसुफजई भी इसी प्रकार का उदाहरण है। जिसने अपने पर हुए आतंकवादियों के हमले के बावजूद भी, नकारात्मकता को छोड़ दिया और शिक्षा और महिला अधिकारों के लिए अपने संघर्ष को जारी रखा।

पुराने दर्द को छोड़ने का मतलब यह नहीं है कि आप अपनी भावनाओं को अनदेखा कर रहे हैं, बल्कि इसका अर्थ है कि आप अपने जीवन में आगे बढ़ने का साहस कर रहे हैं। यह स्वीकार करना है कि वह बीता हुआ समय हमें परिभाषित नहीं करता। यह एक यात्रा है, जिसमें धैर्य और आत्मसमर्पण की आवश्यकता होती है।

याद रखें, पुराने दर्द को छोड़ने का निर्णय हमें अपने जीवन के अगले

अध्याय को लिखने का अवसर देता है। आज ही वह पहला कदम उठाए, जो हमें एक खुशहाल और संतुलित जीवन की ओर ले जाए।

उपरोक्त लेख के कुछ स्मरणीय अंश:

- लेख पुराने दर्द और उसके मानसिक स्वास्थ्य पर प्रभाव पर केंद्रित है।
- दर्द को छोड़ना आत्मिक शांति और नई ऊर्जा देता है।
- नेहा की कहानी दर्द से उबरने का प्रेरणादायक उदाहरण है।
- लाभ: मानसिक शांति, स्वस्थ संबंध, आत्मविश्वास।
- तरीके: स्वीकार करना, भावनाओं को व्यक्त करना, माफ करना।
- मंडेला और मलाला प्रेरणा देते हैं कि दर्द त्याग कर आगे बढ़ें।
- पुराने दर्द छोड़ना खुशहाल जीवन की ओर ले जाता है।

चिंतन हेतु मुख्य बिंदु:

- क्या समाज पुराने दर्द को छोड़ने के लिए पर्याप्त सहायता प्रदान करता है?
- क्या कुछ दर्द ऐसे होते हैं जिन्हें पूरी तरह से नहीं छोड़ा जा सकता?
- क्या हम अपने पुराने दर्द को अनजाने में दूसरों पर थोप देते हैं?
- क्या माफी हमेशा आवश्यक है, या स्वयं को मुक्त करना ही पर्याप्त है?
- क्या नई शुरुआत पुराने दर्द को भुलाने में मदद करती है, या यह अस्थायी राहत है?

सकारात्मक सोचना

(अपने विचारों पर नियंत्रण रखें और सकारात्मक दृष्टिकोण अपनाएं)

मनुष्य का मस्तिष्क अद्भुत शक्ति और संभावनाओं का भंडार है। हमारे विचार न केवल हमारे मानसिक और भावनात्मक स्वास्थ्य को प्रभावित करते हैं, बल्कि हमारे निर्णयों, कार्यों, और जीवन की दिशा को भी तय करते हैं। जीवन की चुनौतियों का सामना करने और सफलता की ओर अग्रसर होने के लिए सकारात्मक दृष्टिकोण अपनाना और अपने विचारों पर नियंत्रण रखना अनिवार्य है।

हमारे विचार हमारे व्यक्तित्व और जीवन के अनुभव को गहराई से प्रभावित करते हैं। एक सकारात्मक विचार हमें आत्मविश्वास, ऊर्जा, और आत्मविश्वास से भर सकता है, जबकि नकारात्मक विचार हमारे भीतर संदेह, हताशा, भय, और तनाव उत्पन्न करता है। एक प्रसिद्ध कहावत है, 'जैसा सोचोगे, वैसा बनोगे।' जैसे बीज से पेड़ बनता है, वैसे ही एक सकारात्मक विचार भी हमारे जीवन में बड़े परिवर्तन ला सकता है। इसलिए, अपने विचारों को नियंत्रित करना हमारे जीवन में सफलता और संतुष्टि पाने का पहला कदम है।

मान लीजिए कि रिया नाम की एक युवा महिला है जो एक प्रतिष्ठित कंपनी में काम करती थी। कोविड-19 महामारी के दौरान, कंपनी को आर्थिक संकट का सामना करना पड़ा और रिया को अपनी नौकरी गंवानी पड़ी। यह रिया के लिए एक बहुत बड़ा झटका था। वह निराश और चिंतित महसूस कर रही थी। उसे समझ नहीं आ रहा था कि अब वह क्या करेगी।

शुरुआत में, रिया ने नकारात्मक विचारों को स्वयं पर हावी होने दिया। उसे लगने लगा कि उसकी किस्मत खराब है और अब उसे कभी अच्छी नौकरी नहीं मिलेगी। वह घंटों बिस्तर पर लेटी रहती और भविष्य के बारे में सोच-सोचकर परेशान होती रहती।

एक दिन, रिया की माँ ने उससे बात की। उन्होंने उसे समझाया कि जीवन में उतार-चढ़ाव आते रहते हैं और महत्वपूर्ण यह है कि हम उन परिस्थितियों का सामना कैसे करते हैं। उन्होंने रिया को 'सकारात्मक सोच' के महत्व के बारे में बताया और उसे प्रेरित किया कि वह इस मुश्किल समय को एक अवसर के रूप में देखे।

रिया ने अपनी माँ की बातों पर ध्यान दिया। उसने नकारात्मक विचारों को त्यागने का फैसला किया और सकारात्मक दृष्टिकोण अपनाने की कोशिश की। उसने सोचा कि नौकरी खोना निश्चित रूप से दुखद है, लेकिन यह उसे कुछ नया करने का मौका भी दे सकता है।

उसने तुरंत अपनी रुचियों और कौशलों पर ध्यान देना शुरू कर दिया। रिया हमेशा से ही बागवानी में रुचि रखती थी। उसने ऑनलाइन बागवानी के कुछ कोर्स किए थे और उसके पास इस क्षेत्र में थोड़ा अनुभव भी था। उसने सोचा कि क्यों न उसे ही अपना व्यवसाय बनाया जाए?

रिया ने छोटे स्तर पर अपने घर से ही पौधों और जैविक खाद बेचना शुरू किया। उसने सोशल मीडिया का उपयोग करके अपने व्यवसाय का प्रचार किया। धीरे-धीरे, लोगों को उसके पौधों और खाद की गुणवत्ता पसंद आने लगी और उसका व्यवसाय बढ़ने लगा।

शुरुआत में कुछ मुश्किलें आईं, लेकिन रिया ने हार नहीं मानी। उसने सकारात्मक रवैया बनाए रखा और अपनी गलतियों से सीखा। कुछ ही

महीनों में, रिया का छोटा सा व्यवसाय सफल हो गया। उसने न केवल अपनी नौकरी खोने के दुख को भुला दिया, बल्कि वह अब एक सफल उद्यमी बन गई थी।

मुश्किल परिस्थितियों अक्सर हमारे लिए नए दरवाजे खोल सकती हैं। यदि हम सकारात्मक सोच रखते हैं और अवसरों को पहचानने की कोशिश करते हैं, तो हम किसी भी चुनौती का सामना कर सकते हैं और सफलता प्राप्त कर सकते हैं। रिया ने अपनी नौकरी खोने की नकारात्मक परिस्थिति को सकारात्मक सोच के माध्यम से एक नए और सफल करियर में बदल दिया।

इस प्रकार सकारात्मक दृष्टिकोण अपनाने के बहुत से लाभ 9 हैं। सकारात्मक सोच से तनाव कम होता है और मन को शांति मिलती है।

नकारात्मक विचारों से मुक्त होकर व्यक्ति अधिक स्पष्ट और सही निर्णय ले पाता है।

सकारात्मक दृष्टिकोण हमारे आपसी संबंधों को मजबूत करता है, क्योंकि यह सहानुभूति और समझ को बढ़ावा देता है।

शोध बताते हैं कि सकारात्मक सोच हमारे शारीरिक स्वास्थ्य को भी प्रभावित करती है, जिससे हमारी प्रतिरोधक क्षमता बढ़ती है।

अब बात आती है कि अपने विचारों पर नियंत्रण कैसे रखें। इसके लिए ध्यान और योग की ओर अपना ध्यान केंद्रित किया जा सकता है। ध्यान और योग मन को शांत करते हैं और विचारों को सकारात्मक दिशा में ले जाते हैं।

स्वयं से संवाद भी एक बेहतर उपाय हो सकता है। हर दिन स्वयं से सकारात्मक बातें कहें, जैसे 'मैं यह कर सकता हूँ। स्वयं हमेशा ही सकारात्मक रहने का प्रयास करें।

वर्तमान पर ध्यान दें वर्तमान में ही जीने का प्रयास करें। बीते हुए समय या भविष्य की चिंता करने से बचें।

प्रेरणादायक एवं अच्छी पुस्तकें पढ़ें। अच्छे लोगों के साथ समय व्यतीत करें और उनके विचारों को जानने का प्रयास करें, जो हमें प्रेरित करें।

अपनी उपलब्धियों और आसपास के लोगों के लिए स्वयं का और दूसरों का भी आभार प्रकट करें।

नेल्सन मंडेला ने अपने जीवन के 27 वर्ष जेल में बिताए, लेकिन उन्होंने अपनी परिस्थितियों को नकारात्मक रूप से देखने के बजाय उन्हें एक अवसर के रूप में अपनाया। उन्होंने न केवल अपनी सोच को सकारात्मक बनाए रखा, बल्कि दक्षिण अफ्रीका के लिए एक प्रेरणा बनकर उभरे।

हेलेन केलर दृष्टिहीन और मूक होने के बावजूद, हेलेन केलर ने सकारात्मक सोच और दृढ़ संकल्प से अपनी सीमाओं को पार किया और शिक्षा के क्षेत्र में अद्वितीय योगदान दिया।

सकारात्मक सोच और आत्म नियंत्रण जीवन में चमत्कारिक परिवर्तन ला सकते हैं। रिया की कहानी और नेल्सन मंडेला व हेलेन केलर जैसे प्रेरणादायक व्यक्तित्व इस बात का प्रमाण हैं कि जीवन में कितनी भी कठिन परिस्थितियाँ क्यों न हों, सकारात्मक दृष्टिकोण अपनाकर हर चुनौती को अवसर में बदला जा सकता है।

याद रखें, 'आपका जीवन आपके विचारों का प्रतिबिंब है।' इसलिए अपने विचारों को सकारात्मक रखें और जीवन को बेहतर बनाएं।

उपरोक्त लेख के कुछ स्मरणीय अंश:

- मस्तिष्क शक्ति और संभावनाओं का भंडार है।
- सकारात्मक सोच पर नियंत्रण जीवन की चुनौतियों से निपटने के लिए ज़रूरी है।
- हमारे विचार व्यक्तित्व को प्रभावित करते हैं।
- सकारात्मक विचार आत्मविश्वास और ऊर्जा देते हैं, नकारात्मक विचार तनाव पैदा करते हैं।
- रिया की कहानी सकारात्मक सोच से सफलता दिखाती है।
- लाभ: तनाव कम होना, बेहतर निर्णय, मजबूत संबंध।
- विचारों पर नियंत्रण के तरीके: ध्यान, सकारात्मक आत्म-संवाद, आभार व्यक्त करना।
- नेल्सन मंडेला और हेलेन केलर सकारात्मक सोच के उदाहरण हैं।

चिंतन हेतु मुख्य बिंदु:

- क्या हम अपने नकारात्मक विचारों को चुनौती देने और उन्हें सकारात्मक विचारों से बदलने के लिए पर्याप्त प्रयास करते हैं?
- क्या बाहरी परिस्थितियाँ हमारे विचारों को इतना अधिक प्रभावित करती हैं कि उन पर नियंत्रण रखना मुश्किल हो जाता है?
- क्या सकारात्मक सोच को सिखाया और विकसित किया जा सकता है, खासकर बचपन से?

- क्या कभी-कभी नकारात्मक भावनाओं को स्वीकार करना और संसाधित करना सकारात्मकता पर लगातार ध्यान केंद्रित करने से अधिक महत्वपूर्ण हो सकता है?
- क्या समाज सकारात्मक सोच के दबाव को इतना बढ़ा देता है कि लोग अपनी वास्तविक भावनाओं को व्यक्त करने में हिचकिचाते हैं?

स्वास्थ्य का ध्यान रखना

(स्वस्थ भोजन करें, नियमित रूप से व्यायाम करें और पर्याप्त नींद लें)

स्वास्थ्य जीवन का सबसे बड़ा वरदान है। एक संतुलित और खुशहाल जीवन के लिए हमें अपने दैनिक जीवन में तीन प्रमुख आदतों को अपनाने की आवश्यकता है, स्वस्थ भोजन करना, नियमित व्यायाम करना, और पर्याप्त नींद लेना। ये तीनों आदतें हमारे शारीरिक, मानसिक और भावनात्मक स्वास्थ्य को बनाए रखने में महत्वपूर्ण भूमिका निभाती हैं।

इसमें सर्वाधिक महत्व है स्वस्थ भोजन का। क्यूंकि हम जो कुछ खाते हैं, वही हमारे शरीर और मस्तिष्क के लिए ईंधन का काम करता है। फल, सब्जियां, प्रोटीन, साबुत अनाज और स्वस्थ वसा का संतुलन हमें आवश्यक पोषक तत्व प्रदान करता है।

स्वस्थ भोजन हृदय रोग, मोटापा, मधुमेह और कैंसर जैसी बीमारियों के जोखिम को कम करता है।

इससे हमारे मस्तिष्क की शक्ति बढ़ती है। ओमेगा–3 फैटी एसिड और एंटीऑक्सीडेंट युक्त आहार हमारी मस्तिष्क शक्ति को बढ़ाते हैं।

इसी प्रकार नियमित व्यायाम का भी हमारे जीवन में बहुत महत्व है। व्यायाम न केवल शारीरिक फिटनेस को बनाए रखता है, बल्कि मानसिक स्वास्थ्य को भी बढ़ावा देता है।

इससे शारीरिक लाभ भी होते हैं। व्यायाम से हमारा वजन नियंत्रित होता है, मांसपेशियां मजबूत होती हैं और शरीर की सहनशक्ति बढ़ती है।

नियमित व्यायाम से हमारा मानसिक स्वास्थ्य ठीक रहता है। हमारी

मनोदशा संतुलित रहती है और यह हमें निरंतर ऊर्जावान बनाए रखता है। इससे हमारे शरीर का ऊर्जा स्तर भी बढ़ता है।

इस सब में सर्वाधिक महत्व है पर्याप्त नींद का। पर्याप्त नींद नींद लेने से हमारे शरीर को आराम मिलता है और यह इसके पुनर्निर्माण का समय देती है। इससे हमारे मस्तिष्क की कार्यक्षमता भी बेहतर होती है। अच्छी नींद हमारी स्मरणशक्ती और ध्यान केंद्रित करने की क्षमता को बढ़ाती है। इससे शारीरिक स्वास्थ्य बेहतर होता है।

पर्याप्त नींद से हमारा इम्यून सिस्टम मजबूत होता है और हार्मोन का संतुलन बना रहता है। जिससे हमारे भीतर भावनात्मक स्थिरता आती है। नींद की कमी से चिड़चिड़ापन और भावनात्मक अस्थिरता हो सकती है।

मेरे एक परिचित हैं अतुल मेहरा। वह शहर के एक सफल उद्योगपति हैं, लेकिन उनके साथ एक बहुत बड़ी समस्या यह थी कि वह हमेशा तनावग्रस्त रहते थे। उनके व्यापार ने अच्छी तरह से तरक्की की थी, और घर में सभी आनंदपूर्वक जीवन यापन कर रहे थे। हर प्रकार की सुख-सुविधा उपलब्ध थी, फिर भी ना जाने किन ज्ञात या अज्ञात कारणों से वह तनाव में रहते थे।

इस तनाव के कारण उनका आहार-व्यवहार भी प्रभावित हो रहा था। व्यायाम की कमी और नींद की अपर्याप्तता के चलते उनका वजन बढ़ गया था, और उन्हें उच्च रक्तचाप की समस्या हो गई थी। जब उनकी समस्या दिन-प्रतिदिन बढ़ने लगी, तो एक दिन उन्हें एक डॉक्टर के पास ले जाया गया। डॉक्टर ने उनकी स्वास्थ्य जांच के बाद चेतावनी दी कि यदि उन्होंने अपनी जीवनशैली में परिवर्तन नहीं किया, तो गंभीर स्वास्थ्य समस्याएं उत्पन्न हो सकती हैं।

इस चेतावनी ने अतुल मेहरा पर गहरा प्रभाव डाला। उन्होंने अपने जीवन

को परिवर्तित करने का दृढ़ संकल्प लिया। धीरे–धीरे, वह प्रकृति के साथ जुड़ने लगे। उन्होंने बालकनी में बैठकर धूप का आनंद लेना शुरू किया और पक्षियों की चहचहाहट सुनने लगे। अपने आहार में ताजे फल, सब्जियां और प्रोटीन शामिल करने लगे।

हर सुबह वह योग और दौड़ने के लिए समय निकालने लगे। इसके साथ ही, उन्होंने सही समय पर सोने और जागने की आदत डाल ली। कुछ ही महीनों में, उनमें बड़ा परिवर्तन दिखाई देने लगा। उनका वजन सामान्य हो गया और रक्तचाप भी नियंत्रित हो गया।

अतुल अब जीवन की व्यर्थ चिंताओं से मुक्त हो गए थे और उनके चेहरे पर एक नई चमक थी। उन्होंने अपने जीवन में सकारात्मकता का संचार किया, जिससे उनका जीवन खुशियों से भर गया।

इस सन्दर्भ में फिटनेस का एक उल्लेखनीय एवं प्रेरणादायक उदाहरण मिलिंद सोमन का भी है। मिलिंद सोमन एक भारतीय अभिनेता, मॉडल, फिल्म निर्माता और फिटनेस उत्साही हैं। वह 90 के दशक में एक लोकप्रिय मॉडल बने और कई फिल्मों और टेलीविजन शो में काम किया है। वह अपनी फिटनेस के लिए भी जाने जाते हैं। फिटनेस के प्रतीक माने जाने वाले मिलिंद ने स्वस्थ भोजन और नियमित व्यायाम को अपनी जीवनशैली का अभिन्न भाग बना लिया और इस बात को प्रमाणित कर दिया कि स्वस्थ भोजन और नियमित व्यायाम हमारे जीवन में कितना महत्व रखता है।

इसी प्रकार एक व्यावसायिक डिजाइनर अर्पिता मेहता ने एक स्वस्थ जीवनशैली अपनाकर तनाव प्रबंधन और कार्यक्षमता में सुधार किया।

अपने जीवन में इन आदतों को अपनाने के कुछ तरीके इस प्रकार से भी हैं कि इसके लिए आप उपयुक्त डाइट प्लान बनाएं। घर का बना संतुलित

भोजन ही खाएं।

व्यायाम अथवा योग के लिए एक नियमावली बना लें। सप्ताह में कम से कम 5 दिन 30 मिनट का योग, व्यायाम अवश्य ही करें।

रात को सोने के लिए नींद का समय तय करें। प्रतिदिन एक ही समय पर सोने और जागने की आदत बना लें।

स्वस्थ भोजन, नियमित व्यायाम और पर्याप्त नींद जीवन के स्तंभ हैं। ये आदतें न केवल हमें बीमारियों से बचाती हैं, बल्कि हमारे जीवन को खुशहाल और ऊर्जावान बनाती हैं। आर्यन की कहानी और अन्य प्रेरणादायक व्यक्तियों का उदाहरण यह सिखाता है कि सही प्रयासों से जीवन में बड़ा परिवर्तन लाया जा सकता है।

इस बात को हमेशा ही याद रखें कि आपका शरीर आपका मंदिर है। इसे स्वस्थ रखने के लिए उपरोक्त दी हुई यह तीन आदतें अपनाएं और अपने जीवन को बेहतर बनाएँ।

उपरोक्त लेख के कुछ स्मरणीय अंश:

- स्वस्थ जीवन के लिए तीन महत्वपूर्ण आदतें: स्वस्थ भोजन, नियमित व्यायाम, पर्याप्त नींद।
- स्वस्थ भोजन शरीर और मस्तिष्क के लिए ईंधन है और बीमारियों का खतरा कम करता है।
- नियमित व्यायाम शारीरिक फिटनेस और मानसिक स्वास्थ्य को सुधारता है।

- पर्याप्त नींद मस्तिष्क की कार्यक्षमता और भावनात्मक स्थिरता को बेहतर बनाती है।
- अतुल मेहरा की कहानी स्वास्थ्य सुधार का उदाहरण है।
- इन आदतों को अपनाने के तरीके: डाइट प्लान, व्यायाम/योग, सोने का समय निर्धारित करना।
- ये आदतें जीवन के स्तंभ हैं जो बीमारियों से बचाती हैं।

चिंतन हेतु मुख्य बिंदु:

- क्या आधुनिक जीवन शैली इन तीन स्वस्थ आदतों को अपनाना मुश्किल बनाती है?
- स्वस्थ भोजन, व्यायाम और नींद को प्राथमिकता देने के लिए क्या किया जा सकता है?
- क्या इन आदतों से विचलित होना ठीक है, या अनुशासन बनाए रखना चाहिए?
- क्या मानसिक स्वास्थ्य के लिए इन आदतों के अलावा और भी कुछ महत्वपूर्ण है?
- क्या स्वास्थ्य सेवा प्रदाताओं को इन आदतों के महत्व के रोगियों को बढ़ावा देना चाहिए?

अपने जुनून का पालन करना

(अपनी रुचियों का पालन करें और अपनी रचनात्मकता को व्यक्त करें)

हम सभी के भीतर अनोखी रुचियाँ और रचनात्मकता छुपी होती है, जो हमारे व्यक्तित्व को संवारती और प्रेरित करती है। जीवन की व्यस्तता और सामाजिक दबाव के बीच, कई बार हम अपनी इन विशेषताओं को नजरअंदाज कर देते हैं। लेकिन अपनी रुचियों का पालन करना और रचनात्मकता को अभिव्यक्त करना न केवल आत्मसंतोष प्रदान करता है, बल्कि हमारे मानसिक, भावनात्मक, और सामाजिक जीवन को भी समृद्ध बनाता है।

हर मनुष्य के जीवन में उसकी रुचियों का बहुत महत्व होता है। रुचियाँ हमारे जीवन की दिशा तय करती हैं। वे हमें एक उद्देश्य प्रदान करती हैं और हमारे भीतर छिपी प्रतिभाओं को बाहर लाने का अवसर देती हैं। जब हम अपनी रुचियों पर ध्यान केंद्रित करते हैं, तो हम न केवल आनंद का अनुभव करते हैं, बल्कि अपनी क्षमताओं को भी पहचान पाते हैं।

स्वाती मिश्रा की रचनात्मक यात्रा इसका एक सशक्त उदाहरण हैं। स्वाती मिश्रा एक व्यस्त आईटी व्यावसायिक युवती थी, जिसका जीवन काम और परिवार की जिम्मेदारियों के बीच बंटा हुआ था। उसे बचपन से चित्रकारी का शौक था, लेकिन समय की कमी के कारण उसने इस रुचि को छोड़ दिया।

एक दिन, उसने अपनी पुरानी आर्ट किट देखी तो उसे अपने बचपन की यादें ताजा हो गईं।

स्वाती मिश्रा ने अपने रुचि को फिर से जागृत करने की सोची। उसने प्रतिदिन नियमित दिनचर्या के पश्चात हर दिन आधा घंटा चित्रकारी के लिए समर्पित करना आरम्भ कर दिया। धीरे-धीरे, उसकी कला न केवल उसे सुकून देने लगी, बल्कि उसे अपनी क्षमताओं पर भी गर्व होने लगा। उसने सोशल मीडिया पर अपनी कलाकृतियाँ साझा करना आरम्भ किया, जहाँ उसे बहुत सराहना मिली। शीघ्र ही, उसने एक आर्ट गैलरी में अपनी पहली प्रदर्शनी लगाई, जो बहुत सफल रही।

स्वाती मिश्रा का यह कदम न केवल उसके आत्मविश्वास को बढ़ाने वाला प्रमाणित हुआ, बल्कि इससे उसने अपने जीवन में एक नया उद्देश्य और खुशी भी पाई।

अपनी रुचियों को अपनाने के बहुत से लाभ हैं। इससे हमें आत्मसंतोष और खुशी की प्राप्ति होती है। अपनी रुचियों को जीवित रखने एवं अपनाने से हमें आंतरिक खुशी और शांति मिलती है।

इससे हमारा सृजनात्मकता का विकास होता है। रचनात्मकता को व्यक्त करने से हमारी सोचने की क्षमता बढ़ती है।

तनाव से भी मुक्ति प्राप्त होती है। हमारी रुचियाँ हमें तनावपूर्ण जीवन से भी हमें राहत प्रदान करती हैं।

इससे समाज में हमारी पहचान बनती है। रुचियों का पालन करके हम अपनी प्रतिभा से समाज में अपनी पहचान बना सकते हैं।

विन्सेंट वैन गॉग ने कठिनाइयों और मानसिक संघर्ष के बावजूद अपनी पेंटिंग के माध्यम से अपने विचार व्यक्त किए। उनकी कला ने उन्हें एक अमर कलाकार बना दिया।

'हैरी पॉटर' श्रृंखला की लेखिका जे.के. रोलिंग ने आर्थिक संघर्षों के

उपरांत भी अपनी लिखने की रुचि को बनाए रखा। इस प्रकार एक दिन उनके परिश्रम और रचनात्मकता ने उन्हें विश्व प्रसिद्ध बना दिया।

तो प्रश्न उत्पन्न होता है कि अपनी रुचियों का पालन किस प्रकार से करें। इसके लिए पर्याप्त समय निकालें। प्रतिदिन या सप्ताह में अपनी रुचियों के लिए समय निर्धारित करें।

नए कौशल सीखें। अपनी रुचियों से संबंधित नए कौशल सीखें और नई तकनीकों को अपनाएं।

अपने अनुभव और अपने काम को दूसरों के साथ साझा करें। यह हमें प्रेरणा और आत्मविश्वास देगा।

सामाजिक नेटवर्क से भी अपना जुड़ाव बनाये रखें। समान रुचि रखने वाले लोगों के साथ जुड़कर नए नए विचार प्राप्त करें।

अपनी रुचियों का पालन करना और अपनी रचनात्मकता को व्यक्त करना न केवल हमारे जीवन को खुशहाल बनाता है, बल्कि हमें एक उद्देश्य और पहचान भी देता है। नेहा और अन्य प्रेरणादायक व्यक्तियों की तरह, हमें भी अपनी प्रतिभाओं को पहचानने और उनके लिए समय निकालने का प्रयास करना चाहिए।

जैसा कि कहा गया है, 'जीवन एक खाली कैनवास है। इसे अपनी रुचियों और रचनात्मकता से भरें।'

उपरोक्त लेख के कुछ स्मरणीय अंश:

- हमारी अनूठी रुचियाँ और रचनात्मकता अक्सर व्यस्त जीवन में अनदेखा कर दी जाती हैं।
- रुचियों का पालन आत्मसंतोष और मानसिक समृद्धि देता है।

- रुचियाँ हमें उद्देश्य प्रदान करती हैं और प्रतिभाओं को बाहर लाती हैं।
- स्वाति मिश्रा की कहानी खुशी और आत्मविश्वास पाने का उदाहरण है।
- रुचियों के लाभ: आत्मसंतोष, तनाव से मुक्ति, पहचान बनाना।
- वैन गॉग और जे.के. रोलिंग ने अपनी रुचियों से पहचान बनाई।
- रुचियों का पालन करने के लिए समय निकालना और समान रुचि वालों से जुड़ना महत्वपूर्ण है।

चिंतन हेतु मुख्य बिंदु:

- क्या हम अपनी रुचियों को गंभीरता से लेते हैं, या उन्हें सिर्फ शौक मानकर छोड़ देते हैं?
- व्यस्त जीवन में अपनी रुचियों के लिए समय निकालना इतना मुश्किल क्यों होता है? क्या हम वास्तव में समय की कमी का सामना कर रहे हैं, या यह हमारी प्राथमिकताओं का मामला है?
- क्या सामाजिक दबाव हमें उन रुचियों को छोड़ने के लिए मजबूर करता है जो पारंपरिक रूप से 'उपयोगी' या 'लाभदायक' नहीं मानी जाती हैं?
- क्या रचनात्मकता केवल कला और संगीत तक ही सीमित है, या यह हमारे जीवन के हर पहलू में मौजूद हो सकती है?
- क्या बच्चों को कम उम्र से ही अपनी रुचियों को खोजने और विकसित करने के लिए प्रोत्साहित किया जाना चाहिए, भले ही वे अकादमिक रूप से 'महत्वपूर्ण' न लगे?

संबंध
भाग (3)

मजबूत संबंध बनाना

(अपने प्रियजनों के साथ समय बिताएं और मजबूत संबंध बनाएं।)

हम सभी एक व्यस्त जीवन जीते हैं, जहाँ काम, जिम्मेदारी और दैनिक चुनौतियां हमारे समय और ऊर्जा का बड़ा भाग ले लेती हैं। इस भागदौड़ भरी दिनचर्या में, हम अक्सर अपने प्रियजनों के साथ समय बिताने की उपेक्षा कर देते हैं। लेकिन क्या आप जानते हैं कि हमारे रिश्ते ही हमें खुश और संतुष्ट रखने में सबसे महत्वपूर्ण भूमिका निभाते हैं? क्यों अपने प्रियजनों के साथ समय बिताना इतना महत्वपूर्ण है और कैसे आप अपने संबंधों को और मजबूत बना सकते हैं।

जीवन की असली खुशी और संतोष हमारे प्रियजनों के साथ बिताए गए समय से गहराई से जुड़ा होता है। परिवार और दोस्तों के साथ मजबूत संबंध न केवल भावनात्मक स्थिरता प्रदान करते हैं, बल्कि मानसिक और शारीरिक स्वास्थ्य पर भी सकारात्मक प्रभाव डालते हैं। शोध यह भी बताते हैं कि अच्छे रिश्ते तनाव को कम करते हैं, आत्मविश्वास बढ़ाते हैं और जीवन की गुणवत्ता को सुधारते हैं।

इसलिए, व्यस्तता के बावजूद अपने प्रियजनों के साथ समय बिताना, उन्हें समझना और उनके साथ जुड़ाव बनाए रखना हमारे जीवन को अधिक संतुलित और संतोषजनक बना सकता है।

राज और सीमा कॉलेज के दोस्त थे। दोनों की दोस्ती बहुत गहरी थी, लेकिन जैसे-जैसे समय व्यतीत होता गया, उनके रास्ते अलग-अलग होते चले गए। ऐसा आमतौर पर बहुत लोगों के जीवन में होता है। राज एक बड़े

शहर में नौकरी करने लगा। वह दिन-रात काम में लगा रहता और अपने परिवार और दोस्तों के साथ समय व्यतीत करने के लिए भी बहुत कम समय निकाल पाता था। जबकि सिमा अपने गाँव में ही रहकर एक स्थानीय स्कूल में पढ़ाने लगी। शहर का जीवन बहुत आपाधापी और दौड़धूप वाला होता है, जबकि गांव का जीवन अपेक्षाकृत शांत और सरल होता है। शहर की इसी जीवनशैली के कारण धीरे-धीरे राज के अपने पुराने दोस्तों से संबंध कम हो गए। वह अपने काम में इतना व्यस्त हो गया कि अपनी दोस्त सीमा से भी उसका संपर्क खत्म हो गया।

एक दिन राज को सहसा ही इस बात का आभास हुआ कि उसके आपसी सम्बन्ध कमजोर पड़ गए हैं, जिससे कि उसे अकेलेपन का आभास हो रहा है। उसके व्यस्त जीवन में उसके साथ उसका कोई भी अपना दोस्त नहीं है। इस समय, उसे सीमा की याद आई, जो हमेशा उसके साथ ही रहती थी।

एक दिन, उसके एक समीपी दोस्त ने उसे बताया कि वह कितना परिवर्तित हो गया है। दोस्त ने उसे समझाया कि काम तो आवश्यक है, लेकिन इसके साथ ही आपसी सम्बन्ध भी उतने ही महत्वपूर्ण हैं। दोस्त की बातों को सुनकर, उसे आभास हुआ कि वह सही कह रहा है। इसके अनुसार उसने अपने जीवन में परिवर्तन लाने का निर्णय लिया।

राज ने सीमा को फोन किया। सीमा को भी राज का इस प्रकार से याद किया जाना बहुत अच्छा लगा। उसने भी राज की बात सुनकर खुशी जताई और फिर दोनों ने ही मिलने का निर्णय लिया। राज ने सीमा को फोन किया। सीमा को भी राज का इस प्रकार से याद किया जाना बहुत अच्छा लगा। उसने भी राज की बात सुनकर खुशी जताई।

इस प्रकार, राज और सीमा ने न केवल अपनी दोस्ती को पुनर्जीवित किया बल्कि एक-दूसरे के जीवन में सकारात्मक परिवर्तन भी लाए। जिससे स्पष्ट होता है कि मजबूत संबंध बनाने और उन्हें बनाए रखने के लिए समय और प्रयास की आवश्यकता होती है। सही समय पर संपर्क करना और एक-दूसरे के लिए मौजूद रहना, संबंधों को बलवान बना सकता है।

इस प्रकार के आभास से उसने अपने काम करने के समय में परिवर्तन किया और परिवार और दोस्तों के साथ समय बिताना आरम्भ करने लगा। उसने प्रतिदिन थोड़ा समय निकालकर अपने प्रियजनों के साथ बातचीत करना आरम्भ किया। जिससे उसके इस प्रयास से उसके जीवन में एक सकारात्मक परिवर्तन आना आरंभ हो गया।

कुछ समय पश्चात, उसने इस बात को महसूस किया कि उसके आपसी सम्बन्ध मजबूत हो गए हैं और वह पहले से कहीं अधिक खुश है। उसे इस बात का भी अनुभव हुआ कि सफलता सिर्फ काम में ही नहीं, बल्कि हमारे आपसी संबंधों में भी प्रकट होती है।

अपने प्रियजनों के साथ समय व्यतीत करना बहुत महत्वपूर्ण, इसे हमें भावनात्मक जुड़ाव महसूस होता है। जब हम अपने प्रियजनों के साथ समय व्यतीत करते हैं, तो हम उनके साथ अपना एक गहरा भावनात्मक सम्बन्ध महसूस करते हैं। यह सम्बन्ध हमें सुरक्षा का आभास दिलाते हैं और हमें प्रिय लगते हैं।

अपने प्रियजनों के साथ समय व्यतीत करने से हमारा तनाव कम होता है और हम अधिक खुश महसूस करते हैं।

इससे हमारा आत्मविश्वास बढ़ता है। जब हम जानते हैं कि हमारे आसपास ऐसे लोग हैं, जो हमसे प्यार करते हैं, और हमारी परवाह करते हैं,

तो हमारा आत्मविश्वास बढ़ता है।

इस सब का हम पर सकारात्मक प्रभाव पड़ता है। अपने प्रियजनों के साथ समय बिताने से बच्चों का विकास बेहतर होता है और वे अधिक संतुलित व्यक्तित्व वाले बनते हैं।

प्रियजनों के साथ बिताए गए पल हमेशा यादगार होते हैं और हमें खुशी देते रहते हैं।

किन्तु अपने संबंधों को किस प्रकार मजबूत किया जा सकता है, इसके लिए, हम कुछ निम्नलिखित उपायों को अपना सकते हैं। जैसे जो भी समय बिताएंगे वो गुणवत्तापूर्ण होना चाहिए अर्थात उसका कोई न कोई न कोई मूल उद्देश्य होना चाहिए। गुणवत्तापूर्ण व्यतीत किया हुआ समय अपने में कोई मायने रखता है। अपने प्रियजनों के साथ बिना किसी बाधा के समय बिताएं और उनसे बातचीत करें।

इस मध्य एक-दूसरे को सुनें। जब दूसरे बात कर रहे हों, तो उनकी बातों को ध्यान से सुनें। उनकी भावनाओं को समझने का प्रयास करें और उन्हें आभास कराएं कि आप उनकी परवाह करते हैं।

एक-दूसरे की तारीफ भी करें। छोटी-छोटी बातों के लिए भी एक-दूसरे की तारीफ करें। इससे आपका आत्मविश्वास बढ़ेगा और आपके आपसी संबंध मजबूत होंगे।

इससे नई नई चीजें सीखने का अवसर मिलेगा। आपके आपसी सम्बन्ध मजबूत होंगे और हमें एक-दूसरे के समीप लायेंगे।

एक -दूसरे के लिए समय भी निकालें। भले ही आप कितने ही व्यस्त क्यों न हों, अपने प्रियजनों के लिए हमेशा ही समय निकालें।

एक दूसरे को माफ़ करना सीखें। इंसान गलतियों का पुतला है। कोई

भी इंसान कभी भी गलती कर सकता है। इसलिए, एक-दूसरे की गलतियों को माफ़ करना सीखें और आगे बढ़ें।

एक-दूसरे का समर्थन भी करें। अपने प्रियजनों के विचारों को, उनके सपनों और लक्ष्यों का समर्थन करें।

प्रियजनों के साथ समय बिताना जीवन का सबसे बड़ा आनंद है। यह न केवल हमारे आपसी संबंधों को मजबूत बनाता है, बल्कि हमें खुश और संतुष्ट भी रखता है। इसलिए, आज ही से अपने व्यस्त जीवन से थोड़ा बहुत समय निकालकर अपने प्रियजनों के साथ समय व्यतीत करना आरम्भ करें। आप देखेंगे कि इससे आपके आपसी सम्बन्ध कितने मजबूत और खूबसूरत हो जाएंगे।

इसके अतिरिक्त कुछ अन्य सुझाव भी हैं, इन्हें भी व्यवहार में सम्मिलित किया जा सकता है, जैसे, साथ में खाना बनाएं और साथ में ही खाएं। यह एक शानदार उपाय है एक-दूसरे के साथ समय व्यतीत करने और नए व्यंजन सीखने का।

साथ में घूमने जाने का कार्यक्रम बनाएं। यह आपके लिए एक रोमांचक अनुभव हो सकता है और इससे हमें एक-दूसरे के विषय में नई नई बातें जानने और सीखने का अवसर भी प्राप्त होगा।

साथ साथ में कोई नई गतिविधि का भी आरम्भ करें, जैसे आप दोनों एक साथ कोई नया खेल खेलें, कोई नई भाषा सीखें या कोई नई रुचि विकसित करें।

एक – दूसरे को पत्र लिखना आरम्भ करें। आजकल हम सभी बहुत व्यस्त रहते हैं और एक-दूसरे को व्यक्तिगत रूप से बहुत कम ही समय देते हैं। इसलिए, एक-दूसरे को पत्र लिखना एक अच्छा उपाय भी हो सकता है,

अपने विचारों और भावनाओं को व्यक्त करने का।

अंत में यथोचित ढंग से एक-दूसरे को गले लगाएं। एक दूसरे को गले लगाने से हमारे शरीर में ऑक्सीटोसिन हार्मोन रिलीज होता है, जो हमें प्रसन्नता देता है और सुरक्षित महसूस कराता है।

याद रखें, संबंधों को बनाए रखने और उन्हें संवारने में समय और प्रयास लगता है। लेकिन इनका सृजन हमेशा ही लाभदायक होता है। इसलिए, आज ही से अपने प्रियजनों के साथ समय बिताना आरम्भ करें और अपने संबंधों को मजबूत बनाएं।

उपरोक्त लेख के कुछ स्मरणीय अंश:

- व्यस्त जीवन में प्रियजनों के साथ समय बिताना महत्वपूर्ण है।
- मजबूत रिश्ते खुशी और बेहतर स्वास्थ्य देते हैं।
- रिश्तों को नजरअंदाज करने से अकेलापन हो सकता है।
- प्रियजनों के साथ समय बिताने से जीवन में सकारात्मक बदलाव आता है।
- इसके लाभों में भावनात्मक जुड़ाव और कम तनाव शामिल हैं।
- संबंधों को मजबूत बनाने के उपाय: गुणवत्तापूर्ण समय बिताना, ध्यान से सुनना, और समर्थन करना।

चिंतन हेतु मुख्य बिंदु:

- यह लेख हमारी प्राथमिकताओं पर सवाल उठाता है।
- यह पूछता है कि क्या व्यस्तता में हम अपनों को भूल गए हैं।

- यह सफलता के मापदंडों पर पुनर्विचार करने का आग्रह करता है, जिसमें रिश्तों की समृद्धि भी शामिल हो।
- यह गुणवत्तापूर्ण समय के सही अर्थ पर विचार करने के लिए कहता है–सक्रिय जुड़ाव, सुनना और साझा करना आवश्यक है।
- यह याद दिलाता है कि गहरे और सार्थक संबंध बनाने के लिए जानबूझकर प्रयास करना आवश्यक है।

सुनना सीखना

(दूसरों की बात ध्यान से सुनें और उन्हें समझने का प्रयास करें)

दूसरों की बात ध्यानपूर्वक सुनना और उन्हें समझने का प्रयास करना एक महत्वपूर्ण गुण है, जो हमारे संबंधों, संवाद और जीवन के हर पहलू को समृद्ध बना सकता है। यह एक ऐसा गुण है जो हमें सहनशील, संवेदनशील और समझदार व्यक्ति बनने में हमारी सहायता करता है। यह हमारे संबंधों, कार्यक्षेत्र, और व्यक्तिगत विकास को गहराई और स्थिरता प्रदान करता है। यह प्रक्रिया जीवन में हमें एक बेहतर श्रोता और संवेदनशील व्यक्ति बनाती है।

इस बात हमेशा ही याद रखें कि सुनना केवल सुनने के लिए नहीं, बल्कि समझने और आपस में अच्छे संबंधों की स्थापना के लिए होता है। जब आप किसी की बात को ध्यानपूर्वक सुनते हैं, तो आप उनके विचारों और भावनाओं को पूरी तरह समझने की स्थिति में आते हैं। यह संवाद को अधिक प्रभावी और समृद्ध बनाता है।

कई बार ऐसा होता है कि हम किसी से अपनी कोई समस्या या बात कहना चाहते हैं, किन्तु दूसरा हमारी बात की ओर अधिक ध्यान अथवा महत्व नहीं देता। इससे हमें निराशा हासिल होती है और दूसरे का महत्व हमारी दृष्टि में भी उतना नहीं रहता, जितना कि इससे पहले होता है।

किसी भी दूसरे की बात को हमेशा ही ध्यान से सुना और पर्याप्त महत्व दिया जाना चाहिए। ध्यान से सुनने से आप अपने प्रियजनों के साथ भावनात्मक संबंध मजबूत कर सकते हैं। यह उन्हें यह विश्वास दिलाता है कि

उनकी बातों और भावनाओं को महत्व दिया जा रहा है।

कभी भी जब आप की बात को किसी द्वारा ध्यान से नहीं सुना जाता तो निश्चित रूप से ही हमें अच्छा नहीं लगता। ऐसा ही दूसरे को भी महसूस होता है, जब उसकी बात को ध्यान से नहीं सुना जाता या पर्याप्त महत्व नहीं दिया जाता।

इससे लाभ के स्थान पर हानि तथा हानि के स्थान पर लाभ भी हो सकता है। अक्सर, गलतफहमियाँ तब होती हैं जब लोग पूरी बात सुने बिना ही निष्कर्ष पर पहुंच जाते हैं। ध्यानपूर्वक सुनने से आप सही जानकारी ग्रहण कर पाते हैं।

स्कूल में जब कोई छात्र किसी विषय को नहीं समझ पा रहा होता है तो उसे ध्यान से सुनना चाहिए और उसके प्रश्नों का उत्तर देना चाहिए।

परिवार में, परिवार के सदस्यों को एक–दूसरे की बात ध्यान से सुननी चाहिए और उनकी भावनाओं का सम्मान करना चाहिए।

व्यावसायिक जीवन में, सहकर्मियों और कर्मचारियों की बात सुनने से कार्यस्थल पर आपसी सहयोग और विश्वास का वातावरण बनता है। वो एक अच्छा कार्यालय समझा जा सकता है, जहां पर अपने सहयोगियों की बातों पर पर्याप्त ध्यान दिया जाता है।

इसी प्रकार समाज में भी हमें अपने आसपास के लोगों की बात ध्यान से सुननी चाहिए और उनकी समस्याओं को समझने का प्रयास करना चाहिए।

दूसरों की बात को ध्यान से सुनने के बहुत से लाभ हैं। इससे हमारे सम्बन्ध मजबूत होते हैं। जब हम दूसरों की बात ध्यान से सुनते हैं तो हमारे आपसी संबंध मजबूत होते हैं।

हमारी समस्याओं का समाधान होता है। जब हम दूसरों की बात ध्यान से सुनते हैं तो हम उनकी समस्याओं को बेहतर तरीके से समझ सकते हैं और उनका समाधान ढूंढ सकते हैं। उन्हें उचित सुझाव दे सकते हैं।

अच्छे व सफल व्यक्तियों में यही एक विशेष गुण होता है कि वे हमेशा ही अपने अनुयायियों की बातों को ध्यानपूर्वक सुनते और समझते हैं।

इससे नए विचार उत्पन्न होते हैं। जब हम दूसरों की बात ध्यान से सुनते हैं तो हम नए विचार प्राप्त कर सकते हैं।

जब हम दूसरों की बात ध्यान से सुनते हैं तो वे हमारे प्रति सम्मान भी महसूस करते हैं। रिया एक स्कूल की छात्रा थी, जो अपने दोस्तों के साथ अधिक घुलती-मिलती नहीं थी। एक दिन उसकी सहेली स्नेहा ने अपनी समस्याओं और भावनाओं को साझा करने की प्रयास किया, लेकिन रिया ने उसकी बात पर ध्यान नहीं दिया। स्नेहा उदास हो गई और धीरे धीरे उससे दूर होने लगी।

किन्तु रिया को इस बात का बहुत देर से महसूस किया, और जब रिया ने इसे महसूस किया, तो उसने स्नेह से माफी मांग ली और भविष्य में उसकी बातों को ध्यानपूर्वक सुनने का वादा किया। इससे उनके संबंधों में फिर से पूर्ववत सुधार हुआ और उनकी मित्रता और भी गहरी हो गई।

निष्कर्ष स्वरूप, हमें हमेशा ही दूसरों की बात ध्यान से सुनना एक बहुत ही महत्वपूर्ण गुण है। यह हमें दूसरों के साथ अच्छे संबंध बनाने, समस्याओं का समाधान करने और नए विचार प्राप्त करने में सहायता करता है। इसलिए हमें हमेशा दूसरों की बात ध्यान से सुननी चाहिए और उन्हें समझने की कोशिश करनी चाहिए।

वही ग्राहक सेवा प्रतिनिधि सफल समझा जाता है जो दूसरों की बात

को ध्यान से सुनता है। एक ग्राहक सेवा प्रतिनिधि को ग्राहक की समस्या को ध्यान से सुनना चाहिए और उसके प्रश्नों का यथोचित उत्तर देना चाहिए।

इसी प्रकार एक शिक्षक को छात्रों की बात ध्यान से सुननी चाहिए और उनकी कठिनाइयों को समझने का चाहिए और एक डॉक्टर को भी मरीज की बात ध्यान से सुनते हुए उसकी समस्या का निदान करने का प्रयास करना चाहिए।

इसे भी याद रखना चाहिए कि जब आप किसी की बात सुन रहे हों तो उसके शारीरिक संकेतों पर भी ध्यान दें। जैसे कि उसकी आँखें कहाँ हैं, वह किस तरह से बैठा है आदि। ऐसी बातें दूसरों की समस्या के निदान में बहुत सहयोगी हो सकती हैं।

जब कोई बोल रहा हो, तो पूरी तरह से उनकी बात पर ध्यान दें। अवरोधों को हटाकर, केवल वक्ता पर ध्यान केंद्रित करें।

उनकी बातों को उनके दृष्टिकोण से समझने का प्रयास करें। यह न केवल हमें उनकी समस्या समझने में आपकी सहायता करेगा, बल्कि एक सकारात्मक संदेश भी देगा।

यदि किसी बात को लेकर कोई भ्रम हो, तो विनम्रता से प्रश्न पूछें। यह दर्शाता है कि आप उनके विचारों में रुचि रखते हैं। सिर हिलाना, मुस्कुराना और आँखों से संपर्क बनाए रखना वक्ता को यह महसूस कराता है कि आप उनकी बातों में संलग्न हैं।

सारी बात सुनकर जब भी संभव हो तो अपने विचार अवश्य व्यक्त करें और उसकी समस्या का उपयुक्त समाधान तलाश करने में उसकी यथोचित सहायता करें।

अंत में, यह कहा जा सकता है कि दूसरों की बात को ध्यान से सुनना

भी एक कला है, जिसे सीखा जा सकता है। यदि आप इस कला को सीख लेते हैं अथवा इसमें निपुण हो जाते हैं, तो आप अपने जीवन में बहुत कुछ प्राप्त कर सकते हैं।

उपरोक्त लेख के कुछ स्मरणीय अंश:

- ध्यान से सुनना और समझना एक महत्वपूर्ण गुण है।
- यह रिश्तों और जीवन को समृद्ध करता है।
- यह सहनशीलता और समझदारी बढ़ाता है।
- सुनना सिर्फ सुनने के लिए नहीं, बल्कि समझने के लिए है।
- ध्यान से सुनने से भावनात्मक संबंध मजबूत होते हैं।
- इसके लाभों में मजबूत संबंध और समस्या समाधान शामिल हैं।
- ध्यान से सुनना एक सीखी जा सकने वाली कला है।

चिंतन हेतु मुख्य बिंदु:

- क्या हम वास्तव में दूसरों को ध्यान से सुनते हैं, या सिर्फ़ प्रतिक्रिया की तैयारी करते हैं?
- दूसरों को बेहतर ढंग से सुनने के लिए हम कौन से व्यावहारिक कदम उठा सकते हैं?
- क्या हमारी शिक्षा और कार्यस्थल संस्कृति सक्रिय श्रवण को बढ़ावा देती है?
- क्या सुनने की कला में सुधार करके हम अपने संबंधों को बेहतर बना सकते हैं?

- क्या हम कभी किसी ऐसे व्यक्ति से मिले हैं जिसने हमें वास्तव में सुना हो?

अपने आप को स्वीकार करना

(अपनी कमजोरियों को स्वीकार करें और स्वयं से प्यार करें)

इंसान के भीतर कुछ कमजोरियां होती हैं, जो उसे दूसरों से अलग बनाती हैं। ये कमजोरियाँ हमारी मानवीयता और अद्वितीयता का प्रमाण हैं। कमजोरियों को स्वीकार करना और उनसे सीखना आत्म-विकास की दिशा में पहला और सबसे महत्वपूर्ण कदम है। यह प्रक्रिया हमें स्वयं से प्यार करने और अपने वास्तविक मूल्य को पहचानने में सहायता करती है।

कमजोरियों को स्वीकार करने का महत्व है हमारी आत्म-जागरूकता में वृद्धि। कमजोरियों को पहचानने से हमें अपनी सीमाओं और क्षमताओं का सटीक आकलन करने में सहायता मिलती है। यह आत्म-जागरूकता हमें और अधिक वास्तविक और ईमानदार बनाती है।

हमारा सकारात्मक परिवर्तन की ओर पहला कदम है। जब हम अपनी कमजोरियों को स्वीकारते हैं, तो हम उन्हें सुधारने के लिए प्रयास करना शुरू करते हैं। यह परिवर्तन न केवल हमारे जीवन को बेहतर बनाता है, बल्कि आत्म-संतोष का मार्ग भी प्रशस्त करता है।

आत्म-प्रेम को बढ़ावा देना हमारे लिए बहुत प्रेरणादायक प्रमाणित हो सकता है। हमारे द्वारा अपनी कमजोरियों को स्वीकारना यह दर्शाता है कि हम स्वयं को संपूर्णता में स्वीकार करते हैं। यह आत्म-प्रेम और आत्मसम्मान को बढ़ाने का सबसे प्रभावी उपाय है।

जब हम अपनी कमजोरियों को स्वीकारते हैं, तो दूसरों के प्रति हमारी सहानुभूति और सहिष्णुता बढ़ती है। यह हमें मजबूत और स्थायी संबंध बनाने

में हमारी सहायता करता है।

मनीषा को हमेशा सार्वजनिक मंच पर बोलने से डर लगता था। हर बार वह जब भी बोलने का प्रयास करती, तो वह नर्वस हो जाती और अपनी बात को सही ढंग से प्रस्तुत नहीं कर पाती थी। उसके सहकर्मी और दोस्त आमतौर पर उसकी आलोचना करते थे, जिससे उसका आत्मविश्वास और भी कमजोर हो गया।

एक दिन, मनीषा ने अपने डर को स्वीकार करने का अर्थात इस समस्या का सामना करने का निर्णय लिया। उसने आत्म-सुधार की ओर कदम बढ़ाए। उसने अपनी कमजोरी को स्वीकारा और छोटे समूहों में बोलने का अभ्यास शुरु किया। हर छोटे-छोटे सुधार पर उसने स्वयं को प्रोत्साहित किया। कुछ महीनों के भीतर ही वह भरपूर आत्मविश्वास के साथ एक बड़े मंच पर अपनी बात रखने में सक्षम हो गई। यह उसके आत्मविश्वास, आत्म-स्वीकृति और परिश्रम का परिणाम था।

कुछ महीनों में, उसने एक बड़ी सभा के सामने आत्मविश्वास के साथ अपनी बात रखी। यह उसकी कमजोरी को स्वीकारने और सुधारने की प्रक्रिया का ही परिणाम था।

ऐसा बहुत से लोगों के साथ होता है। किन्तु ऐसे किसी भी कार्य को जिसमें अपने लिए हीन भावना छिपी हुई हो, व्यक्ति को हमेशा ही एक चुनौती के रूप में स्वीकार करना चाहिए।

हर कलाकार या वक्ता जीवन में पहली बार भी मंच पर आता ही है। उस समय उसे भी ऐसी ही घबराहट का सामना करना पड़ता है। ऐसे में व्यक्ति को यह भी सदा याद रखना चाहिए कि इस पहली बार के के बाद ही दूसरी, तीसरी बार भी आएगी और तब उसका प्रदर्शन इस से बेहतर ही

होगा। यह एक प्रकार से सीढ़ी का प्रथम पायदान है, जिस पर साहसपूर्वक चढ़ना ही है।

अपनी कमजोरियों को स्वीकार करना और स्वयं से प्यार करना एक महत्वपूर्ण मानवीय गुण है। यह हमें अपनी अपूर्णताओं को स्वीकार करने और विकास के लिए प्रयास करने की प्रेरणा देता है। इतिहास में कई बुद्धिजीवियों ने इस अवधारणा को अपनाया है और अपने जीवन और कार्यों के माध्यम से इसका उदाहरण प्रस्तुत किया है।

स्टीफन हॉकिंग एक प्रसिद्ध भौतिक विज्ञानी और ब्रह्मांड विज्ञानी थे जो एमियोट्रोफिक लेटरल स्क्लेरोसिस (ALS) नामक एक गंभीर बीमारी से पीड़ित थे। इस बीमारी ने उन्हें पूरी तरह से अपंग बना दिया था। लेकिन भौतिक विज्ञानी स्टीफन हॉकिंग ने अपनी शारीरिक सीमाओं को स्वीकारते हुए विज्ञान के क्षेत्र में अद्वितीय उपलब्धियाँ प्राप्त की। उन्होंने अपनी कमजोरी को अपनी ताकत में परिवर्तित कर लिया और अपनी क्षमता से पूरी दुनिया को प्रेरित किया।

ओपरा विनफ्रे भी दुनिया के सामने एक ऐसा ही उदाहरण बनकर प्रकट हुई। ओपरा विनफ्रे,एक प्रभावशाली अमेरिकी मीडिया हस्ती हैं। वह एक प्रभावशाली अमेरिकी टॉक शो होस्ट, टेलीविजन निर्माता, अभिनेत्री, लेखिका और मीडिया मालकिन हैं। अपने प्रसिद्ध टॉक शो 'द ओपरा विनफ्रे शो' (1986-2011) के लिए जानी जाने वाली ओपरा को 'क्वीन ऑफ ऑल मीडिया' कहा जाता है और वह 20वीं सदी की सबसे धनी अफ्रीकी-अमेरिकी महिला थीं। उन्होंने टॉक शो के क्षेत्र में क्रांति लाई और OWN जैसे अपने मीडिया साम्राज्य का निर्माण किया। बचपन में गरीबी और कठिनाइयों का सामना करने वाली ओपरा ने आत्म-स्वीकृति और

आत्म-प्रेम के जरिए सफलता का मार्ग प्रशस्त किया। उन्होंने अपनी कमजोरियों को समझा और अपने अनुभवों से दूसरों की सहायता करने का कार्य किया। ओपरा विनफ्रे दुनिया के सामने एक प्रेरणादायक उदाहरण हैं।

महात्मा गांधी एक महान नेता और विचारक थे जिन्होंने भारत को स्वतंत्रता दिलाने में महत्वपूर्ण भूमिका निभाई थी। उन्होंने अपनी आत्मकथा 'सत्य के प्रयोग' में अपनी कमजोरियों को खुलकर स्वीकार किया है। उन्होंने अपनी युवावस्था में की गई गलतियों और उनसे सीखे गए पाठों के विषय में लिखा है। गांधीजी का मानना था कि अपनी कमजोरियों को स्वीकार करना ही आत्म-सुधार का पहला कदम है।

अल्बर्ट आइंस्टीन एक महान वैज्ञानिक थे जिन्होंने सापेक्षता के सिद्धांत को प्रतिपादित किया था। उन्हें बचपन में सीखने में कठिनाई होती थी और उन्हें "मंदबुद्धि" भी कहा जाता था। लेकिन आइंस्टाइन ने अपनी कमजोरियों को अपनी ताकत बनाया और अपनी असाधारण बुद्धि से दुनिया को चकित कर दिया।

स्वामी विवेकानंद एक महान दार्शनिक और आध्यात्मिक गुरु थे जिन्होंने भारतीय दर्शन को दुनिया भर में फैलाया। उन्होंने अपने विचारों में आत्मविश्वास, आत्मसम्मान और आत्म-स्वीकृति पर जोर दिया। विवेकानंद का मानना था कि हर व्यक्ति में अनंत क्षमताएं होती हैं और हमें अपनी कमजोरियों से निराश नहीं होना चाहिए।

ये महान बुद्धिजीवी एवं विचारक हमें सिखाते हैं कि अपनी कमजोरियों को स्वीकार करना और उनसे सीखना ही सच्ची बुद्धिमानी है। जब हम अपनी अपूर्णताओं को स्वीकार करते हैं, तो हम विकास और सुधार के लिए

नए मार्ग खोल देते हैं। यह हमें अधिक मानवीय और सहानुभूतिपूर्ण भी बनाता है।

अपनी कमजोरियों को स्वीकार करने और उनसे सीखने के बहुत से तरीके हैं। इसके लिए दृश्यम के प्रति निष्पक्ष एवं ईमानदार बनें। अपनी कमजोरियों को पहचानने और उन्हें स्वीकारने के लिए आत्म-मूल्यांकन करना आवश्यक है।

न्यायपूर्ण दृष्टिकोण अपनाएं। हमेशा स्वयं को दोष देने के स्थान पर अपनी कमजोरियों को पहचानने, उन्हें समझने और सुधारने के उपाय ढूँढें तथा उनमें यथोचित सुधार लाएं।

सकारात्मक आत्म-चर्चा में भाग लें एवं ऐसा ही व्यवहार भी करें। स्वयं को प्रेरित करने के लिए हमेशा सकारात्मक शब्दों का उपयोग करें।

हर मनुष्य में सीखने की इच्छा का होना भी आवश्यक है। जब तक मनुष्य में सीखने की इच्छा ही बलबती न होगी वह अपने में कोई भी अपेक्षित परिवर्तन नहीं ला सकता। इसलिए हर कमजोरी को सीखने के अवसर के रूप में ही देखें, समझें और और उससे सीखने का प्रयास करें।

कमजोरियों को स्वीकार करना और उनसे सीखना आत्म-विकास और आत्म-प्रेम का सबसे महत्वपूर्ण पहलू है। यह प्रक्रिया हमें न केवल अपनी ताकतों को पहचानने का अवसर देती है, बल्कि हमें अपनी असली पहचान को गले लगाने का साहस भी प्रदान करती है।

याद रखें, जो लोग अपनी कमजोरियों को अपनाते हैं और उनसे प्रेरणा लेकर आगे बढ़ते हैं, वही जीवन में असली सफलता प्राप्त करते हैं। स्वयं से प्यार करें, अपनी कमजोरियों को स्वीकारें, और अपने जीवन को बेहतर बनाने की दिशा में कदम बढ़ाएँ।

उपरोक्त लेख के कुछ स्मरणीय अंश:

- हर इंसान में कुछ कमजोरियां होती हैं जो उसे अद्वितीय बनाती हैं।
- कमजोरियों को स्वीकारना आत्म-विकास का पहला कदम है।
- यह आत्म-जागरूकता बढ़ाता है और सकारात्मक परिवर्तन की ओर ले जाता है।
- अपनी कमजोरियों को स्वीकारना आत्म-प्रेम और आत्मसम्मान को बढ़ावा देता है।
- मनीषा की कहानी सुधार करने का उदाहरण है।
- महान व्यक्तियों ने अपनी कमजोरियों को स्वीकार कर सफलता प्राप्त की।
- कमजोरियों को स्वीकारना आत्म-विकास का महत्वपूर्ण पहलू है।

चिंतन हेतु मुख्य बिंदु:

- क्या हम अपनी कमजोरियों को छिपाने की कोशिश करते हैं?
- अपनी कमजोरियों को स्वीकार करने में सबसे बड़ी बाधा क्या है?
- क्या हम अपनी कमजोरियों को विकास के अवसर के रूप में देखते हैं?
- दूसरों की कमजोरियों के प्रति हमारा रवैया कैसा होता है?
- क्या हम ऐसे समाज में रहते हैं जो कमजोरियों को स्वीकार करने को प्रोत्साहित करता है?
- हम अपनी कमजोरियों को स्वीकारने के लिए आज से क्या कदम उठा सकते हैं।

दूसरों की प्रशंसा करना

(दूसरों की प्रशंसा करें और उन्हें प्रेरित करें)

एक बार की बात है, एक छोटे से गांव में एक बुद्धिमान व्यक्ति रहता था। लोग उसे 'ज्ञान सागर' के नाम से पुकारते थे। उसकी बुद्धि और ज्ञान की चर्चा दूर-दूर तक होती थी। वह न केवल ज्ञानी था, बल्कि एक दयालु और करुणाशील व्यक्ति भी था।

गांव के लोग अक्सर अपनी समस्याओं को लेकर उसके पास आते थे। वह धैर्यपूर्वक उनकी बात सुनता और उन्हें उचित सुझाव देता था। लेकिन वह केवल सुझाव ही नहीं देता था, बल्कि लोगों को प्रेरित भी करता था। वह उनकी छोटी-छोटी उपलब्धियों की, उनके अच्छे कार्यों की प्रशंसा भी करता था और उन्हें और बेहतर करने के लिए प्रोत्साहित करता था।

इसी प्रकार एक अन्य युवक था जो बहुत ही शर्मीला और कम आत्मविश्वास वाला था। वह अपनी बातों को स्पष्ट रूप से कहने में हिचकिचाता था और हमेशा दूसरों के सामने डरता रहता था। उसने भी ज्ञान सागर से अपनी समस्या बताई।

ज्ञान सागर ने युवक को ध्यान से सुना और कहा, "बेटा, तुम्हारे भीतर बहुत प्रतिभा है। तुम्हें बस अपने आप पर विश्वास करने की आवश्यकता है। याद रखना कि दुनिया में हर कोई विशेष होता है और उसके भीतर कुछ न कुछ विशेष होता है। तुम्हें बस अपनी उस विशेषता को पहचानना है और उसे निखारना है।"

ज्ञान सागर ने युवक को एक कार्य दिया। उन्होंने कहा, "तुम आज शाम

को गांव के चौक पर जाओ और वहां खड़े होकर लोगों को अपनी बात बताओ।"

युवक डर गया और बोला, "मैं कैसे कर सकता हूं? मैं तो बोलने में बहुत डरता हूं।"

ज्ञान सागर ने मुस्कुराते हुए कहा, "डरो मत, बेटा। मैं तुम्हारे साथ हूं। तुम बस प्रयास भर तो करो।"

युवक ने साहस करके गांव के चौक पर जाकर लोगों को अपनी बात बताई। आरम्भ में वह थोड़ा नर्वस था, लेकिन प्रयास करने से धीरे-धीरे उसका आत्मविश्वास बढ़ने लगा। उसने लोगों को अपनी समस्याएं बताईं और ज्ञान सागर से मिले सुझावों के अनुसार उनका पालन किया।

लोग युवक की बातें ध्यान से सुन रहे थे। जब उसने अपनी बात समाप्त की तो सभी ने उसकी तालियां बजाईं और उसकी प्रशंसा की। इससे युवक बहुत प्रसन्न हुआ और उसे इस बात का आभास हुआ कि वह बहुत कुछ कर सकता है।

ज्ञान सागर ने युवक को गले लगाया और कहा, "देखो, तुमने कितना अच्छा किया। तुम बहुत होशियार हो और तुम्हारे अंदर बहुत क्षमता है।"

इस घटना के पश्चात युवक में बहुत परिवर्तन आ गया। वह अब पूर्व की भांति शर्मीला नहीं रहा, बल्कि एक साहसी, आत्मविश्वासी और मुखर व्यक्ति बन गया। उसने अपनी पढ़ाई में भी बहुत परिश्रम किया और जीवन में सफलता प्राप्त की।

इस घटना से हमें इस बात का पता चलता है कि दूसरों की प्रशंसा करने का कितना महत्व है। जब हम किसी की प्रशंसा करते हैं, तो हम एक प्रकार से उसे प्रेरित करते हैं और उसे और अपना बेहतर करने के लिए

प्रोत्साहित करते हैं। किसी की भी प्रशंसा करने से दूसरे का आत्मविश्वास बढ़ता है और वह अपनी क्षमताओं पर विश्वास करने लगता है।

इसलिए हमेशा ही दूसरों से भी सकारात्मक बातें ही करें। लोगों की कमजोरियों पर ध्यान केंद्रित करने के बजाय, उनकी शक्तियों पर ध्यान दें और उनकी प्रशंसा करें।

अपने संपर्क आने वाले लोगों को उनके लक्ष्यों को प्राप्त करने के लिए प्रोत्साहित करें। उन्हें बताएं कि आप उन पर विश्वास करते हैं।

इसके लिए आप सफल लोगों के उदाहरण भी पेश कर सकते हैं। उन्हें बताएं कि वे भी यदि प्रयास करें तो उनके जैसा बन सकते हैं।

अपने संपर्क में आने वाले लोगों की बातों को ध्यान से सुनें। उनकी भावनाओं को समझने का प्रयास करें और उन्हें यथोचित सुझाव दें।

लोगों को उनकी कठिनाइयों में उनकी सहायता करें और उन की बातों का समर्थन करें। इससे उनका मनोबल बढ़ेगा और उन्हें पर्याप्त प्रोत्साहन मिलेगा।

निष्कर्ष दूसरों की प्रशंसा करना और उन्हें प्रेरित करना एक बहुत ही शक्तिशाली उपकरण है। यह न केवल दूसरों को बल्कि हमें भी प्रसन्न और संतुष्ट रखता है। इसलिए, आइए हम सभी एक-दूसरे की प्रशंसा करें और एक-दूसरे को प्रेरित करें।

इसके लिए अपने बच्चों की प्रशंसा करें। बच्चों को उनकी छोटी-छोटी उपलब्धियों के लिए भी प्रशंसा करें, उत्साहित करें। इससे उनका आत्मविश्वास बढ़ेगा और वे जीवन में आगे बढ़ने के लिए प्रेरित होंगे।

इसके साथ ही अपने साथियों की भी प्रशंसा करें। अपने साथियों के साहस, परिश्रम और लगन की प्रशंसा करें। इससे आपके काम का

वातावरण सकारात्मक होगा और आप सभी मिलकर बेहतर काम कर पाएंगे।

अपने से बड़ों की प्रशंसा भी करें। अपने बड़ों के अनुभव और ज्ञान की प्रशंसा करें। इससे आप उनके साथ एक अच्छा संबंध बना पाएंगे।

अपने से छोटों की प्रशंसा करें। अपने से छोटों की प्रतिभा और क्षमताओं की प्रशंसा कर आप उन्हें उन्हें प्रोत्साहित करें। इससे वे प्रेरित होंगे और आगे बढ़ने के लिए प्रोत्साहित होंगे।

अंत में याद रखें, आप द्वारा की गई किसी की एक छोटी सी प्रशंसा भी उस के दिन को अच्छा व प्रसन्नता दायक बना सकती है। इसलिए, आज ही से दूसरों की प्रशंसा करना शुरू करें और उनमें एक सकारात्मक परिवर्तन लाएं।

उपरोक्त लेख के कुछ स्मरणीय अंश:

- 'ज्ञान सागर' गाँव में लोगों को सलाह देता था।
- एक शर्मीले युवक ने उससे मदद मांगी।
- ज्ञान सागर ने युवक को उसकी प्रतिभा पर भरोसा करने को कहा, जिससे उसमें आत्मविश्वास आया।
- हमें दूसरों की कमजोरियों की बजाय उनकी ताकतों पर ध्यान देना चाहिए और उन्हें प्रोत्साहित करना चाहिए।
- प्रशंसा एक शक्तिशाली और सुखद साधन है।

चिंतन हेतु मुख्य बिंदु:

- क्या हम दूसरों की प्रशंसा करने में कंजूसी करते हैं?
- हम अक्सर दूसरों की कमियों पर ध्यान क्यों देते हैं?
- क्या हम जानते हैं कि हमारी छोटी सी प्रशंसा कितना सकारात्मक बदलाव ला सकती है?
- क्या हम अपने आसपास एक ऐसा माहौल बनाते हैं जहाँ लोग खुलकर अपनी प्रतिभा का प्रदर्शन कर सकें?
- क्या हम दूसरों को प्रेरित करने के लिए प्रयास करते हैं?
- हम अपने बच्चों और साथियों को उनकी सफलताओं के लिए कितना प्रोत्साहित करते हैं?

अपने आप को माफ करना
(अपनी गलतियों से सीखें और स्वयं को माफ करें)

एक बार की बात है, एक प्राचीन नगर में एक विद्वान विचारक रहता था। वह हमेशा ज्ञान के सागर में डूबा रहता था और अपने जीवन का अधिकांश समय अध्ययन और चिंतन में व्यतीत करता था। लोग उसकी बुद्धि और विवेक के कायल थे।

एक दिन, वह नगर के बाजार में घूम रहा था। मार्ग में उसे एक छोटा बच्चा रोता हुआ मिला। बच्चे के पास जाकर विद्वान ने उसे शांत किया और पूछा, "बेटा, तुम क्यों रो रहे हो?"

बच्चे ने बताया, "पतंग उड़ाते समय मेरी पतंग एक पेड़ पर फंस गई है।"

विद्वान ने उस बच्चे को समझाया, "बेटा, गलतियां होना स्वाभाविक है। हर कोई जीवन में कभी न कभी गलतियां करता है। तुम्हें इस बात का दुख नहीं मानना चाहिए। तुम्हें तो इससे सीखना चाहिए कि अगली बार पतंग को कैसे उड़ाया जाए ताकि वह पेड़ पर न फंसे।"

बच्चे ने उस विद्वान की बातों को ध्यान से सुना। इससे उसकी आँखों में एक प्रकार की चमक सी आ गई। उसने विद्वान को धन्यवाद दिया और अपनी पतंग को पाने के लिए चला गया।

बच्चे ने इस घटना से एक बहुत बड़ा सबक सीखा। उसे आभास हुआ कि गलतियाँ हमारे जीवन का एक अभिन्न भाग होती हैं। इनसे हमें सीखने का अवसर प्राप्त होता है और हम जीवन में आगे बढ़ते हैं।

गलतियों से मनुष्य जीवन में सीखता ही है, किन्तु इनसे सीखना इतना महत्वपूर्ण क्यों है? यह इसलिए महत्वपूर्ण है क्यूंकि, इससे हमारा व्यक्तिगत विकास होता है। गलतियों से सीख कर हम अपने विषय में अधिक जानते हैं और अपनी कमजोरियों को दूर करने का प्रयास करते हैं।

हर गलती हमारे लिए एक अनुभव होती है, जो हमें हमारे जीवन के विषय में बहुत कुछ सिखाती है। इससे हमारा आत्मविश्वास बढ़ता है। जब हम अपनी गलतियों से सीखते हैं तो हमारा आत्मविश्वास बढ़ता है और हम भविष्य में आने वाली चुनौतियों का सामना करने के लिए तैयार हो जाते हैं। हमारे लिए नई राहें खुल जाती हैं। गलतियों से हमारे लिए भविष्य में नई राहें खुलती हैं और हम नए अवसरों की खोज करने में लग जाते हैं।

किन्तु स्वयं को माफ करना हमारे लिए क्यों आवश्यक है? यह इसलिए आवश्यक है, क्यूंकि इससे हमें मन की शांति प्राप्त होती है। जब हम अपनी गलतियों को माफ कर देते हैं तो हमारा मन शांत हो जाता है और हम आगे बढ़ सकते हैं।

इससे हमें नकारात्मक भावनाओं से मुक्ति मिलती है। इससे हमें अपराध बोध और पछतावे जैसी नकारात्मक भावनाओं से मुक्ति मिलती है और सकारात्मक दृष्टिकोण बनता है। स्वयं को माफ करने से हमारा दृष्टिकोण सकारात्मक हो जाता है और हम जीवन को फिर एक नए सिरे से आरम्भ करने के लिए तैयार हो जाते हैं।

किन्तु आप अपनी गलतियों से कैसे सीखें और स्वयं को किस प्रकार से माफ करें?

इसके लिए आप अपनी गलती को स्वीकार करें। सबसे पहले यह स्वीकार करें कि आपने गलती की है। उसके पश्चात अपनी की हुई गलती के

कारणों का विश्लेषण करें ताकि आप भविष्य में इस गलती को दोहराने से बच सकें।

स्वयं को माफ करें। किसी भी गलती के लिए स्वयं को दोषी न ठहराएं। जीवन में हर कोई गलतियां करता है। आगे बढ़ें। अपनी हर गलती से सीखने का प्रयास करें और जीवन में आगे बढ़ें।

यदि आप की किसी भी गलती से किसी को कोई हानि हुई है या आपने किसी को दुख पहुंचाया है तो इसके लिए उससे माफी मांगने में संकोच न करें।

इस सब का निष्कर्ष यह है कि गलतियाँ हमारे जीवन का एक अभिन्न अंग हैं। इनसे हमें सीखने का मौका मिलता है और हम आगे बढ़ते हैं। हमें अपनी गलतियों से डरना नहीं चाहिए, बल्कि उनसे सीखना चाहिए। जब हम अपनी गलतियों को स्वीकार करते हैं और उनसे सीखते हैं तो हम एक बेहतर इंसान बन जाते हैं।

इसके लिए कुछ अतिरिक्त सुझाव भी हो सकते हैं। जैसे अपने आप को अच्छे कार्य के लिए प्रेरित करें। हमेशा ही सकारात्मक सोच रखें और अपने आप को प्रेरित करें।

दूसरों से खुल कर बात करें। अपने दोस्तों या परिवार के सदस्यों के साथ अपनी भावनाओं को साझा करें।

इसके लिए एक डायरी लिखने का प्रयास करें। अपनी भावनाओं और विचारों को लिखने से हमें अपनी समस्याओं को समझने में सहायता मिलेगी।

संभव हो तो एक व्यावसायिक से भी सहायता लें। यदि हमें अपनी गलतियों से उबरने में कुछ कठिनाई हो रही है तो इसके लिए आप एक

व्यावसायिक से सहायता भी ले सकते हैं।

अंत में, याद रखें कि इस दुनिया में गलतियाँ करने वाले आप अकेले नहीं हैं। हर कोई गलतियाँ करता है। किन्तु, महत्वपूर्ण यह है कि हम अपनी गलतियों से सीखें और आगे बढ़ें।

इस लेख को पढ़ने के पश्चात आप निम्नलिखित बिंदुओं पर विचार कर सकते हैं, जो आपके लिए निश्चित रूप से ही प्रभावकारी प्रमाणित हो सकता है।

उपरोक्त लेख के कुछ स्मरणीय अंश:

- गलतियाँ स्वाभाविक हैं और व्यक्तिगत विकास के लिए ज़रूरी हैं।
- गलतियों से सीखना: आत्म-ज्ञान, आत्मविश्वास और नए अवसर मिलते हैं।
- मन की शांति के लिए स्वयं को माफ़ करना आवश्यक है।
- सीखने के लिए: स्वीकार करें, विश्लेषण करें, माफ करें और आगे बढ़ें; हानि होने पर माफी मांगें।
- गलतियों से डरने की बजाय उनसे सीखना हमें बेहतर बनाता है।
- सकारात्मक सोच, बातचीत, डायरी और पेशेवर मदद सीखने में सहायक हैं।

चिंतन हेतु मुख्य बिंदु:

- क्या हम अपनी गलतियों को स्वीकार करने में सहज महसूस करते हैं?

- गलतियों के प्रति हमारी पहली प्रतिक्रिया क्या होती है – बचाव या सीखना?
- हम दूसरों की गलतियों को किस नजर से देखते हैं?
- क्या हमारी संस्कृति गलतियों को सीखने के अवसर के रूप में देखती है?
- स्वयं को माफ़ करना इतना मुश्किल क्यों होता है?
- हम दूसरों को उनकी गलतियों से सीखने में कैसे मदद कर सकते हैं?

प्रसन्नता का रहस्य
भाग (4)

मौजूद पल में जीना
(भविष्य की चिंता न करें और वर्तमान पल का आनंद लें)

भविष्य की चिंता करना मानव स्वभाव का भाग है, लेकिन यह चिंता अक्सर हमें वर्तमान से विचलित कर देती है। वर्तमान पल में जीना न केवल हमारी मानसिक शांति को बनाए रखता है, बल्कि हमें जीवन का सही आनंद लेने में भी सहायता करता है। इस विचार को कई विद्वानों और विचारकों ने समझाया और अपने जीवन में अपनाया है।

महात्मा बुद्ध ने सिखाया कि चिंता और पछतावा हमारी चेतना को बाधित करते हैं। उन्होंने कहा, **"जो बीत गया, उस पर शोक मत करो। जो आने वाला है, उसकी चिंता मत करो। केवल वर्तमान पल में जियो, क्योंकि ये ही जीवन है।"** यह संदेश हमें सिखाता है कि जीवन को पूर्णता से जीने के लिए हमें वर्तमान क्षण पर ध्यान केंद्रित करना चाहिए।

एक बार एक विद्वान को एक नदी पार करनी थी। नाविक ने देखा कि विद्वान बहुत चिंतित दिखाई दे रहे थे। नाविक ने नदी के किनारे खड़े होकर विद्वान से पूछा, "आप चिंतित क्यों दिख रहे हैं?"

विद्वान ने कहा, "नदी गहरी है, मुझे डर लग रहा है कि यदि नाव पलट गई तो क्या होगा।"

नाविक उनकी बात सुनकर मुस्कुरा दिया और कहा, "यदि आप इस पल पर ध्यान दें, तो हमें केवल नाव में बैठने और संतुलन बनाए रखने की ही आवश्यकता है। जब तक आप नदी में नाव पलटने की ही चिंता में डूबे रहेंगे, तो यह यात्रा हमें बहुत कठिन लगेगी।"

विद्वान ने नाविक की बात को ध्यान से सुना, समझा और यात्रा के

दौरान केवल वर्तमान क्षण पर ही ध्यान केंद्रित किया। इससे उन्होंने बिना किसी भय के नदी पार कर ली और महसूस किया कि उनकी चिंता अनावश्यक थी।

प्रसिद्ध विचारक एखार्ट टोल ने अपनी पुस्तक 'The Power of Now' में वर्तमान क्षण की शक्ति को विस्तार से समझाया है। उन्होंने लिखा है कि चिंता और डर का मूल कारण हमारा भविष्य के प्रति अति-मोह और वर्तमान से अलगाव है। वर्तमान पर ध्यान केंद्रित करके हम जीवन की सच्ची खुशियों का अनुभव कर सकते हैं।

इस विषय में तकनीकी क्रांति के अग्रदूत स्टीव जॉब्स ने भी कहा था कि ' जीवन में हर दिन को ऐसे जियो जैसे कि वह तुम्हारा आखिरी दिन हो।" इस सोच ने उन्हें अपने जीवन और काम में अत्यधिक प्रभावशाली बनने में सहायता की।

इसी प्रकार एक युवक हमेशा भविष्य की चिंता में ही रहता था। वह यही सोचता था कि वह जीवन में कभी भी सफल नहीं हो पायेगा।

तब उसे एक मनोचिकित्सक ने समझाते हुए कहा कि भविष्य की चिंता करना कभी भी सही नहीं कहा जा सकता। यह बिल्कुल व्यर्थ है। भविष्य अभी आया ही नहीं है और हम उसके विषय में कुछ जानते भी नहीं हैं, तो फिर उसके विषय में व्यर्थ में ही चिंता क्यों की जाए। हम केवल वर्तमान पल को जी सकते हैं और वर्तमान ही हमारे लिए महत्वपूर्ण भी है।"

मनोचिकित्सक ने उसे एक कहानी सुनाते हुए कहा, "एक बार की बात है, एक किसान था। वह अपनी फसल को लेकर बहुत चिंतित रहता था। वह सोचता रहता था कि बारिश होगी या नहीं, कीड़े लगेंगे या नहीं। इस तरह वह हमेशा चिंतित रहता था। लेकिन जब फसल पक गई, तो उसने देखा कि उस

की चिंता व्यर्थ थी। प्रकृति ने अपना काम किया और फसल अच्छी हुई।"

मनोचिकित्सक ने कहा, "देखो बेटा, किसान की तरह हम भी भविष्य की चिंता करके अपना वर्तमान बर्बाद कर देते हैं। हमें वर्तमान पल में जीना चाहिए और जो कुछ भी हमारे पास है, उसका आनंद लेना चाहिए।"

हमें भविष्य और वर्तमान के अंतर को समझना चाहिए। अपना पूरा ध्यान वर्तमान पल पर ही केंद्रित करें। भूतकाल के पछतावे और भविष्य की चिंताओं को छोड़ दें। यही आपके जीवन के लिए बेहतर है।

ईश्वर के प्रति एवं दूसरों के प्रति अपना आभार व्यक्त करें। जो कुछ भी आपके पास है, उसकी सराहना करें और जो अभी हो रहा है, उसे स्वीकार करें। कोई आप के लिए अच्छा करता ही अथवा अच्छा करने का प्रयास भी करता है तो भी उसका आभार व्यक्त करें।

भविष्य के लिए कोई लक्ष्य बनाएं। वर्तमान में उसे प्राप्त करने के लिए परिश्रम करें और उसके अनुरूप काम करते रहें।

ध्यान (Meditation)करने का अभ्यास करें। ध्यान वर्तमान में रहने की कला सिखाता है। यह हमें अपनी श्वास और क्षणिक अनुभवों पर ध्यान केंद्रित करना सिखाता है। यह आपकी मानसिक शान्ति एवं स्वास्थ्य के लिए बहुत अच्छा है। ध्यान करने से आप शांत रहेंगे और वर्तमान में रहना सीखेंगे।

सबसे अधिक महत्वपूर्ण है कि प्रकृति के समीप रहने का प्रयास करें। प्रकृति के साथ समय व्यतीत करने से आप हमेशा ही अपने आप को तनाव मुक्त महसूस करेंगे।

युवक ने विद्वान की बातों को ध्यान से सुना और उसके सुझावों पर अमल करने का फैसला किया। धीरे-धीरे, वह भविष्य की चिंता से मुक्त हो गया और वर्तमान पल का आनंद लेने लगा।

भविष्य की चिंता न करने और वर्तमान में रहने के बहुत से लाभ हैं। इससे आपका तनाव कम होता है। भविष्य की चिंता से तनाव बढ़ता है। जब हम वर्तमान पल में रहते हैं, तो हमारा तनाव कम होता है।

इससे हमारी खुशी बढ़ती है। वर्तमान पल में जीने से हम छोटी-छोटी खुशियों को महसूस कर पाते हैं।

इससे हमारी रचनात्मकता बढ़ती है। जब हम वर्तमान पल में रहते हैं, तो हम अधिक रचनात्मक होते हैं।

हमारे दूसरों से संबंध मजबूत होते हैं। जब हम वर्तमान पल में रहते हैं, तो हम अपने आसपास के लोगों के साथ बेहतर संबंध बना पाते हैं।

तात्पर्य यह है कि भविष्य की चिंता करना व्यर्थ है। हमें हमेशा वर्तमान पल में ही जीना चाहिए और जो कुछ भी हमारे पास है, उसका आनंद लेना चाहिए। जब हम वर्तमान पल में रहते हैं, तो हम अधिक खुश और संतुष्ट महसूस करते हैं।

अंत में विषय हेतु कुछ अतिरिक्त सुझाव भी हैं। एक दिन में केवल एक काम ही करें। एक बार में बहुत सारे काम करने का प्रयास न करें।

अपने शौक का पालन करें और दूसरों की सहायता करें। अपने शौक का पालन करने से आप तनाव मुक्त महसूस करेंगे और दूसरों की सहायता करने से हमें खुशी मिलेगी।

प्रकृति के समीप रहें। जैसे प्रकृति का आनंद लेना, किसी प्रियजन के साथ बातचीत करना, या अपने पसंदीदा काम में खो जाना। प्रकृति के साथ समय व्यतीत करने से आप तनाव मुक्त महसूस करेंगे।

जीवन एक यात्रा है। हमें इस यात्रा का आनंद लेना चाहिए। भविष्य की चिंता छोड़कर वर्तमान पल का आनंद लेना हमें सच्चे अर्थों में जीने की प्रेरणा

देता है। यह न केवल हमारे मानसिक और शारीरिक स्वास्थ्य को बेहत
बनाता है, बल्कि हमारे जीवन को खुशहाल और सार्थक बनाता है। महात्म
बुद्ध, एखार्ट टोल, और स्टीव जॉब्स जैसे विचारकों की शिक्षाएं हमें इस बा
का एहसास कराती हैं कि जीवन का असली आनंद केवल *अभी और यहीं*
में है। भविष्य की चिंता करने के बजाय, वर्तमान पल में जीएं और अपने
जीवन को बेहतर बनाएं।

अंत में याद रखें, अतीत जा चुका है, भविष्य अनिश्चित है। केवल
वर्तमान ही आपके हाथ में है। इसे पूरी तरह से जिए। क्या आप वर्तमान की
अपेक्षा करते हुए काल्पनिक भविष्य में जी सकते हैं ? क्या आप ऐसा करन
चाहेंगे ?

इस तालिका के अवलोकन से यह सुनिश्चित किया जा सकता है कि
भविष्य की अपेक्षा वर्तमान का हमारे जीवन में कितना महत्व है।

उपरोक्त लेख के कुछ स्मरणीय अंश:

- भविष्य की चिंता मानव स्वभाव है, पर यह वर्तमान से विचलित करती है।
- वर्तमान में जीना मानसिक शांति और जीवन के आनंद के लिए ज़रूरी है।
- महात्मा बुद्ध और एखार्ट टोल ने वर्तमान क्षण के महत्व पर ज़ोर दिया है।
- स्टीव जॉब्स का उदाहरण वर्तमान में जीने की शक्ति को दर्शाता है।

- वर्तमान में जीने के तरीके: आभार व्यक्त करना, ध्यान करना, प्रकृति के करीब रहना।
- भविष्य की चिंता व्यर्थ है, वर्तमान में जीने से जीवन अधिक आनंदमय बनता है।

चिंतन हेतु मुख्य बिंदु:

- भविष्य की चिंता हमें वर्तमान के किन अनुभवों से वंचित करती है?
- हम अपने दैनिक जीवन में वर्तमान क्षण को अधिक महत्व कैसे दे सकते हैं?
- क्या भविष्य के लिए योजना बनाना और उसकी चिंता करना दो अलग-अलग बातें हैं?
- हमारी चिंताएं अक्सर कितनी वास्तविक होती हैं?
- क्या हम जानते हैं कि वर्तमान में पूरी तरह से जीना संभव है?
- भविष्य की चिंता से मुक्त होने के लिए हम कौन सी छोटी-छोटी बातें अपना सकते हैं?

अपने लक्ष्यों को प्राप्त करना
(लक्ष्य निर्धारित करें और उन्हें प्राप्त करने के लिए कड़ा परिश्रम करें)

लक्ष्य हमारे जीवन को दिशा और उद्देश्य प्रदान करते हैं। यह हमारे प्रयासों को केंद्रित और संगठित करता है, जिससे हम अपने सपनों को वास्तविकता में बदल सकते हैं। लक्ष्य निर्धारित करना और उन्हें पाने के लिए कठिन परिश्रम करना, सफलता की कुंजी है। इस सिद्धांत को दुनिया के कई महान विचारकों और सफल व्यक्तियों ने अपनाया है।

महात्मा गांधी ने कहा था, "आपका लक्ष्य इतना ऊँचा हो कि उसे पाने के लिए आपके हर कार्य में समर्पण हो।" गांधीजी के जीवन का मुख्य लक्ष्य भारत की स्वतंत्रता था। उन्होंने इस उद्देश्य को प्राप्त करने के लिए सत्य और अहिंसा का मार्ग अपनाया और अपने अनुयायियों को इसी दृष्टि से प्रेरित किया। उनके जीवन ने यह साबित किया कि स्पष्ट लक्ष्य और निरंतर प्रयास किसी भी कठिनाई को पार कर सकते हैं।

थॉमस एडिसन की कहानी लक्ष्य निर्धारण और कठिन परिश्रम की सच्ची प्रेरणा देती है। उन्होंने अपने जीवन में 1,000 से अधिक असफल प्रयोग किए, लेकिन अपने लक्ष्य से कभी विचलित नहीं हुए। जब उनसे पूछा गया कि उन्होंने इतनी बार असफल होने के बाद भी हार क्यों नहीं मानी, तो उन्होंने उत्तर दिया, "मैं असफल नहीं हुआ। मैंने सिर्फ 1,000 ऐसे तरीके खोजे, जो काम नहीं करते।"

एडिसन ने लक्ष्य निर्धारित किया था कि वे ऐसा बल्ब बनाएंगे जो सभी के लिए उपयोगी हो। उनकी दृढ़ता और परिश्रम का परिणाम यह था कि उन्होंने दुनिया को बिजली के बल्ब का तोहफा दिया।

भारत के पूर्व राष्ट्रपति और वैज्ञानिक ए.पी.जे. अब्दुल कलाम ने कहा था, 'सपने वो नहीं जो आप सोते समय देखते हैं, सपने वो हैं जो हमें सोने नहीं देते।' उनका जीवन इस कथन का प्रमाण है। उन्होंने वैज्ञानिक अनुसंधान और भारत के अंतरिक्ष कार्यक्रम को ऊँचाई पर पहुँचाने का लक्ष्य रखा और उसे हासिल किया।

सरिता देवी एक प्रसिद्ध बॉक्सर रही हैं। एक गरीब परिवार से आने वाली सरिता देवी ने हमेशा अपने लक्ष्य को स्पष्ट रखा—देश के लिए बॉक्सिंग में स्वर्ण पदक जीतना। कठिनाइयों और संसाधनों की कमी के बावजूद, उन्होंने कड़े परिश्रम से अपने लक्ष्य को प्राप्त किया और राष्ट्रीय और अंतरराष्ट्रीय स्तर पर भारत का नाम रोशन किया।

कई बार युवक अथवा युवतियां कुछ बड़ा तो करना चाहती है लेकिन उनके समक्ष एक प्रमुख समस्या खड़ी होती है कि वो इसका आरम्भ कहाँ से और कैसे करें। जबकि इसके लिए सर्वप्रथम आवश्यकता होती है स्पष्ट लक्ष्य निर्धारण की।

जीवन में सफलता पाने के लिए सबसे पहले हमें एक लक्ष्य निर्धारित करना होगा। जब हमें पता होगा कि आप कहां जाना चाहते हैं, तभी आप उस दिशा में कदम बढ़ा पाएंगे।

एक नाविक था। वह समुद्र में मछली पकड़ने जाता था। लेकिन वह कभी भी एक निश्चित जगह पर नहीं जाता था। वह इधर-उधर भटकता रहता था। परिणामस्वरूप, वह कभी भी अच्छी मछली नहीं पकड़ पाता था। एक दिन, उसने एक अनुभवी नाविक से सलाह ली। अनुभवी नाविक ने उसे कहा कि उसे एक निश्चित जगह पर जाना चाहिए और वहां जाकर मछली पकड़नी चाहिए।

हमें भी अपने जीवन में एक लक्ष्य निर्धारित करना चाहिए। जब हम जानते हैं कि हमें कहां जाना है, तो हम उस दिशा में कड़ा परिश्रम कर सकते हैं और अपनी मंजिल तक पहुंच सकते हैं।

जीवन में आगे बढ़ने के लिए आवश्यकता है स्पष्ट रूप से एक लक्ष्य के निर्धारिन की। इसके लिए हमें अपने लक्ष्य को स्पष्ट रूप से परिभाषित करना चाहिए। यह लक्ष्य मापनीय और समयबद्ध होना चाहिए।

सर्वप्रथम इसके लिए छोटे-छोटे लक्ष्य बनाएं। अपने बड़े लक्ष्य को छोटे-छोटे लक्ष्यों में विभाजित करें। इससे आप अपने लक्ष्य को प्राप्त करने के लिए एक योजना बना सकते हैं और इस के अनुसार जीवन में आगे बढ़ पाना आपके लिए सरल होता जाएगा।

किन्तु, अपने लक्ष्य को प्राप्त करने के लिए हमें अपने जीवन में कड़े परिश्रम के महत्त्व को समझना होगा और इसके अनुरूप ही कार्य करना होगा।

यह भी याद रखें कि आपके जीवन में आलस्य और विलंबन आपके सबसे बड़े दुश्मन हैं। इन का सामना करते हुए ही जीवन में आगे बढ़ा जा सकता है।

इसके साथ ही इस के लिए जीवन में अनुशासित रहने की भी आवश्यकता है। हमें हमेशा अपने लक्ष्य पर दृष्टि रखनी होगी और विचलित होने से बचना होगा।

इसके लिए हमेशा सकारात्मक सोच रखें। सकारात्मक सोच हमें चुनौतियों का सामना करने की शक्ति देती है। जब हम सकारात्मक सोच रखते हैं, तो हम कठिन परिस्थितियों में भी आशावादी रहते हैं। सकारात्मक सोच हमें अपने लक्ष्यों को प्राप्त करने के लिए प्रेरित करती है और हमें विश्वास

दिलाती है कि हम सफल हो सकते हैं।

कभी भी असफलता से डरें नहीं। असफलता जीवन का एक भाग है। कोई भी व्यक्ति असफलता से बच नहीं सकता। लेकिन असफलता को एक अवसर के रूप में देखा जा सकता है। असफलता से हम अपनी कमजोरियों को पहचान सकते हैं और उनमें सुधार कर सकते हैं। असफलता हमें सिखाती है कि हम गिरने के पश्चात कैसे फिर से उठें। असफलता से सीखें और आगे बढ़ें। यही सोच हमें लक्ष्य के समीप ले जाती है।

विलियम जेम्स का कहना है कि 'सफलता की कुंजी कभी हार नहीं मानना है, बल्कि बार-बार प्रयास करना है।'

एलेनोर रूज़वेल्ट तो यह भी कहते हैं कि 'अपने सपनों को इतना बड़ा बनाओ कि वे तुम्हें डरा दें, लेकिन इतना विशिष्ट बनाओ कि वे तुम्हें प्रेरित करें।'

इस सब से एक बात स्पष्ट होती है कि लक्ष्य निर्धारित करने के बहुत लाभ होता है। लक्ष्य का निर्धारण हमें एक स्पष्ट दिशा निर्देश प्रदान करता है। यह हमें प्रेरणा प्राप्त होती है। लक्ष्य हमें आगे बढ़ने के लिए प्रेरित करता है। इससे हमारा आत्मविश्वास बढ़ाता है। जब हम अपने लक्ष्यों को प्राप्त करते हैं, तो हमारा आत्मविश्वास बढ़ता है। इससे हमें संतुष्टि मिलती है। जब हम अपने लक्ष्यों को प्राप्त करते हैं, तो हम संतुष्ट होते हैं।

लक्ष्य निर्धारित करना और उन्हें प्राप्त करने के लिए कड़ा परिश्रम करना जीवन में सफलता का रहस्य है। जब हम जीवन में एक लक्ष्य निर्धारित करते हैं और उसे प्राप्त करने के लिए कड़ा परिश्रम करते हैं, तो हम अपनी क्षमताओं का पूरा पूरा उपयोग कर पाते हैं और इससे अपने जीवन में कुछ बड़ा कर सकते हैं।

लक्ष्य निर्धारित करने से पहले निम्नलिखित बातों का ध्यान रखना भी आवश्यक है।

आपका लक्ष्य स्पष्ट और परिभाषित होना चाहिए, जिस को मापा जा सके अर्थात लक्ष्य यथार्थवादी ही निर्धारित करें। लक्ष्य आपके जीवन के उद्देश्य से जुड़ा होना चाहिए। लक्ष्य की प्राप्ति के लिए एक समय सीमा का निर्धारण करें।

इसके लिए, कुछ अतिरिक्त सुझाव भी हैं, जिन्हें हम अपना सकते हैं। अपने आसपास हमेशा सकारात्मक लोगों को ही रखें। सकारात्मक लोगों के साथ रहने से आपको प्रेरणा प्राप्त होगी।

अपने आप को पुरस्कृत कर उत्साहित करें। जब आप अपने छोटे-छोटे लक्ष्यों को प्राप्त करते हैं, तो अपने आप को पुरस्कृत करें और इससे अपने लक्ष्य की प्राप्ति के लिए प्रेरणा प्राप्त करें।

एक बात का हमेशा ही स्मरण रखें कि अपने जीवन में कभी भी असफलता से डरें नहीं। असफलता से सीखें और आगे बढ़ें। अपने आप पर पूर्ण विश्वास रखें। अपने आप पर विश्वास रखें कि आप जीवन में कुछ भी कर सकते हैं।

सफलता कभी भी रातों रात नहीं मिलती है। इसके लिए हमें कड़ा परिश्रम करना होगा और धैर्य रखना होगा। इसके प्राप्त करने के लिए एक निश्चित लक्ष्य निर्धारित करें और उन्हें प्राप्त करने के लिए कड़ा परिश्रम करें तभी आप अपने जीवन में अपेक्षित सफलता प्राप्त कर सकते हैं।

मुझे आशा है कि यह लेख हमें अपने लक्ष्यों को प्राप्त करने के लिए प्रेरित करेगा।

उपरोक्त लेख के कुछ स्मरणीय अंश:

- लक्ष्य जीवन को दिशा और उद्देश्य देते हैं।
- लक्ष्य निर्धारण और कठिन परिश्रम सफलता की कुंजी है।
- सफलता के लिए स्पष्ट लक्ष्य, कठिन परिश्रम, अनुशासन और सकारात्मक सोच आवश्यक है।
- लक्ष्य निर्धारण से दिशा, प्रेरणा और आत्मविश्वास मिलती है।
- लक्ष्य स्पष्ट, मापने योग्य और समयबद्ध होना चाहिए।

चिंतन हेतु मुख्य बिंदु:

- क्या हमारे जीवन में स्पष्ट रूप से परिभाषित लक्ष्य हैं?
- क्या हम अपने लक्ष्यों को प्राप्त करने के लिए लगातार प्रयास करते हैं?
- असफलता का सामना करने पर हमारी प्रतिक्रिया क्या होती है?
- क्या हम अपने आसपास एक ऐसा सकारात्मक माहौल बनाते हैं जो हमें प्रेरित करें?
- क्या हमारे लक्ष्य वास्तव में हमारे मूल्यों और जुनून से जुड़े हैं?

अपने आप को पुरस्कृत करना

(अपनी उपलब्धियों को मनाएं और स्वयं को पुरस्कृत करें)

जीवन में हर छोटी या बड़ी उपलब्धि हमारे प्रयासों और परिश्रम का परिणाम होती है। यह आवश्यक है कि हम अपनी उपलब्धियों को बताएं और स्वयं को पुरस्कृत करें। यह न केवल हमें प्रसन्न रखता है, बल्कि आगे के लक्ष्यों को प्राप्त करने के लिए हमें प्रेरणा भी देता है। उत्साहित भी करता है।

छोटी या बड़ी उपलब्धि से हमारी आत्म-प्रेरणा बढ़ती है। उपलब्धियों का उत्सव हमें सकारात्मक ऊर्जा से भर देता है, जिससे हमें आगे की यात्रा के लिए उत्साह एवं प्रेरणा मिलती है।

एक बार की बात है, एक प्राचीन ग्रीक शहर में एक युवा दार्शनिक रहता था। वह ज्ञान के लिए बहुत उत्सुक था और हमेशा कुछ नया सीखने की कोशिश करता था। वह दिन-रात किताबें पढ़ता रहता था और अपने गुरु से ज्ञान प्राप्त करता था।

एक दिन, उसके गुरु ने उसे एक कार्य दिया। उन्होंने कहा, "बेटा, तुम जाओ और शहर के बाहर एक पहाड़ पर चढ़ो। वहां जाकर तुम एक पत्थर ढूंढोगे और उस पर अपनी सबसे बड़ी उपलब्धि लिखोगे।"

युवक ने अपने गुरु के आदेश का पालन किया और पहाड़ पर चढ़ गया। उसने एक बड़ा पत्थर ढूंढा और उस पर लिखा, "मैंने आज किताब का एक अध्याय याद किया।"

जब वह वापस आया तो अपने गुरु को दिखाया। गुरु ने मुस्कुराते हुए

कहा, "यह बहुत अच्छा है, लेकिन क्या तुमने सोचा है कि यह तुम्हारी सबसे बड़ी उपलब्धि है?"

युवक ने कहा, "लेकिन गुरुजी, मैंने आज बहुत परिश्रम किया है। मैंने पूरे दिन किताब पढ़ी है और अध्याय याद किया है।"

गुरु ने कहा, "बेटा, परिश्रम करना तो अच्छा है, लेकिन तुम्हें अपनी छोटी-छोटी उपलब्धियों को भी मनाना चाहिए। जब तुम अपनी उपलब्धियों को मानते हो, तो तुम्हें और अधिक परिश्रम करने की प्रेरणा मिलती है।"

युवक ने अपने गुरु की बातों को ध्यान से सुना। उसने महसूस किया कि उसके गुरु ने उसे एक बहुत ही महत्वपूर्ण बात सिखाई है।

इससे हमारे स्वास्थ्य पर उपयुक्त प्रभाव पड़ता है। मनोवैज्ञानिक शोध के अनुसार, अपनी उपलब्धियों को मान्यता देने से हमारा मानसिक तनाव कम होता है और हमारे भीतर प्रसन्नता की भावना बढ़ती है।

इससे हमारे आपसी संबंध मजबूत बनते हैं। जब आप अपनी सफलता का जश्न अपने प्रियजनों के साथ मनाते हैं, तो यह उनके साथ आपके संबंध को और मजबूत करता है।

इससे हमें अपनी प्रगति का एहसास होता है। अपनी उपलब्धियों को पहचानना और उन्हें मनाना, हमें यह एहसास कराता है कि हम सही दिशा में आगे बढ़ रहे हैं।

सचिन तेंदुलकर ने जब अपना पहला शतक बनाया, तो उन्होंने अपनी माँ को धन्यवाद दिया और उनके साथ इसे मनाया था। उन्होंने इसे अपनी जीवन यात्रा का एक महत्वपूर्ण पड़ाव माना था।

इसी प्रकार 'हैरी पॉटर' सीरीज की लेखिका जे.के. रोलिंग ने जब पहली बार अपनी पुस्तक प्रकाशित की थी, तो उन्होंने अपनी सफलता का

जश्न दोस्तों के साथ मनाया। उन्होंने कहा, "यह छोटा कदम मेरे लिए एक बड़ी यात्रा की आरम्भ है।'

अपनी उपलब्धियों को मनाना बहुत आवश्यक है। जब हम अपनी उपलब्धियों को मानते हैं, तो इससे हमारा आत्मविश्वास बढ़ता है। जब हम अपनी उपलब्धियों को देखते हैं, तो हमें लगता है कि हम कुछ भी कर सकते हैं।

इससे हमें प्रेरणा प्राप्त होती है। जब हम अपनी उपलब्धियों को मानते हैं, तो हम और अधिक परिश्रम करने के लिए उत्साहित होते हैं। उपलब्धियों को मनाने पर हमें प्रसन्नता प्राप्त होती है।

हमारी सकारात्मक सोच बढ़ती है। जब हम अपनी उपलब्धियों को मानते हैं, तो हम सकारात्मक सोच रखने लगते हैं और वैसे ही कार्य भी करने लगते हैं।

हमें केवल बड़ी उपलब्धियों को ही मनाने की ही आवश्यकता नहीं है, बल्कि हम अपनी छोटी-छोटी उपलब्धियों को भी मना सकते हैं। जैसे स्वयं को उपहार दें। इसके लिए अपनी हर उपलब्धि पर हम स्वयं को उपहार देकर पुरस्कृत कर सकते हैं।

अपने दोस्तों और परिवार के साथ समय बिताएं। आप अपने दोस्तों और परिवार के साथ समय बिताकर भी अपनी उपलब्धियों को मना सकते हैं।

इसका एक श्रेष्ठ एवं सरल उपाय यह भी है कि आप अपनी हर उपलब्धि को लिखे। आप अपनी उपलब्धियों को एक डायरी में लिख सकते हैं।

यदि ऐसा करना उचित न प्रतीत हो तो फिर आप अपनी उपलब्धियों के

विषय में दूसरों को बताकर भी इन्हें उनके साथ साझा कर सकते हैं।

असफलता से सीखें और आगे बढ़ें। असफलता जीवन का एक हिस्सा है। कोई भी व्यक्ति असफलता से बच नहीं सकता। लेकिन असफलता से डरना नहीं चाहिए। असफलता से हमें सीखने का मौका मिलता है। हमें अपनी गलतियों से सीखना चाहिए और आगे बढ़ना चाहिए।

अब्राहम लिंकन का जीवन संघर्ष और सफलता का एक अद्भुत उदाहरण है। अमेरिका के राष्ट्रपति बनने से पहले, उन्होंने अनेक असफलताओं का सामना किया। फिर भी, उन्होंने हर छोटी जीत को महत्वपूर्ण माना और उसका जश्न मनाया। यह उनकी दृढ़ता और सकारात्मक दृष्टिकोण को दर्शाता है।

अब्राहम लिंकन के जीवन में संघर्ष और सफलता के कई उदाहरण हैं:

1.लिंकन ने अपने युवा जीवन में कई व्यवसायों में असफलता का सामना किया, जैसे कि दुकानदारी में नुकसान और खेती में विफलता।

2.उन्होंने 1832 में पहली बार चुनाव लड़ा, लेकिन हार गए। इसके बाद भी उन्होंने राजनीतिक जीवन में निरंतर प्रयास किया, यहां तक कि कई बार चुनावों में असफल रहे।

3.लिंकन ने अभ्यास करते समय कई कठिनाइयों का सामना किया, लेकिन उन्होंने अपने मामलों में मेहनत की और धीरे-धीरे एक सफल वकील बने।

4.राष्ट्रपति बनने के बाद, उन्हें अमेरिकी गृह युद्ध का सामना करना पड़ा। इस दौरान उन्होंने निरंतर संघर्ष किया और अंततः संघ को एकजुट किया।

5.लिंकन ने इस ऐतिहासिक भाषण में संघर्ष और संघर्ष के दौरान मिली छोटी-छोटी बातों का जिक्र किया, जो उनके दृष्टिकोण को दर्शाता है।

6.जब वे एक साधारण वकील के रूप में अपना पहला केस जीते, तो उन्होंने अपने परिवार और दोस्तों के साथ इस उपलब्धि का जश्न मनाया। उन्होंने कहा था, "हर जीत छोटी या बड़ी होती है, लेकिन यह हमें अगली लड़ाई के लिए तैयार करती है।

इन उदाहरणों से स्पष्ट होता है कि किस प्रकार लिंकन ने अपने जीवन में निरंतरता और सकारात्मकता के साथ संघर्ष किया।

उनका यह रवैया न केवल उन्हें आत्मविश्वास देता था, बल्कि उनकी नेतृत्व क्षमता को भी विकसित करता था।

अपनी उपलब्धियों को मनाना और इनके लिए स्वयं को पुरस्कृत करना आत्म-प्रेम और आत्म-सम्मान का प्रतीक है। यह हमें याद दिलाता है कि हमारी परिश्रम रंग लाई है और हमें अपने प्रयासों को जारी रखना चाहिए।

याद रखें, *"हर छोटी जीत बड़ी सफलता की ओर ले जाती है।"* अपनी यात्रा को सराहें, क्योंकि यह आपके जीवन की सच्ची प्रसन्नता का स्रोत है।

उपरोक्त लेख के कुछ स्मरणीय अंश:

- अपनी उपलब्धियों को बताना और स्वयं को पुरस्कृत करना महत्वपूर्ण है।
- यह आत्म-प्रेरणा और सकारात्मक ऊर्जा बढ़ाता है।

- उपलब्धियों को मान्यता देने से मानसिक तनाव कम होता है और प्रसन्नता बढ़ती है।
- उपलब्धियों को मनाने से आत्मविश्वास और प्रेरणा बढ़ती है।
- छोटी उपलब्धियों को मनाने के तरीके: स्वयं को उपहार देना, प्रियजनों के साथ समय बिताना।

चिंतन हेतु मुख्य बिंदु:

- छोटी–छोटी जीतें बनाम बड़ी सफलता: क्या हम अपनी मेहनत को सराहते हैं और स्वयं को पुरस्कृत करते हैं?
- दूसरों की सफलता और असफलता: हम उन्हें कैसे देखते और उनसे क्या सीखते हैं?
- उपलब्धियों का साझाकरण, आत्मविश्वास और रिश्ते: क्या आत्म–प्रेम सफलता की कुंजी है?
- दूसरों को प्रोत्साहित करना और अपनी प्रगति को देखना: क्या हर प्रयास मायने रखता है?

हंसना

(हंसी एक बेहतरीन दवा है, इसलिए जितना हो सके हंसें)

हंसी जीवन का वह अमूल्य उपहार है जो न केवल हमारे मन को हल्का करती है, बल्कि हमारे शरीर और स्वास्थ्य पर भी सकारात्मक प्रभाव डालती है। इसे सदियों से सबसे बेहतरीन और प्राकृतिक दवा के रूप में माना गया है। एक सच्ची मुस्कान या ठहाका हमारी तनाव भरी दिनचर्या को हल्का कर सकता है, हमें तरोताजा कर सकता है, और दूसरों के साथ हमारे संबंधों को मजबूत बना सकता है।

हंसी के हमारे जीवन में बहुत महत्व और लाभ हैं। इससे हमारे शारीरिक स्वास्थ्य पर गहन प्रभाव पड़ता है। हंसने से हमारे शरीर के भीतर एंडोर्फिन नामक 'खुशी के हार्मोन' का स्राव होता है। हंसी तनाव, चिंता और अवसाद के लक्षणों को कम करती है। यह हमारे मानसिक और शारीरिक दर्द को भी कम करती है। यह हमारे हृदय के स्वास्थ्य को बेहतर बनाता है और इम्यून सिस्टम को मजबूत करता है।

हंसी से जुड़ाव और आपसी समझ बढ़ती है। एक साथ हंसने से आपसी संबंधों में भी एक प्रकार की गहराई आती है। यह हमारे मस्तिष्क को सक्रिय और सकारात्मक बनाती है।

मानसिक स्वास्थ्य पर प्रभाव:हंसी तनाव, चिंता और अवसाद के लक्षणों को कम करती है। यह मस्तिष्क को सक्रिय और सकारात्मक बनाती है।

चार्ली चैपलिन, दुनिया के सबसे प्रसिद्ध हास्य कलाकारों में से एक, ने अपने जीवन और कार्य के माध्यम से यह सिद्ध किया कि हंसी किस प्रकार

मानवता को जोड़ती है। उनका कहना था;

"एक दिन बिना हंसी के व्यर्थ है।"

चैपलिन का जीवन संघर्षों से भरा था। बचपन में गरीबी और कठिनाइयों के बावजूद उन्होंने हंसी को अपने जीवन का आधार बनाया। उनकी फिल्मों में व्यंग्य और हास्य के माध्यम से उन्होंने सामाजिक समस्याओं को उजागर किया। उनके काम ने यह दिखाया कि हंसी न केवल मनोरंजन का साधन है, बल्कि जीवन की जटिलताओं से निपटने का एक उपाय भी है।

चैपलिन के जीवन में संघर्ष और हंसी के कई महत्वपूर्ण उदाहरण हैं:

1.चैपलिन का जन्म एक गरीब परिवार में हुआ था। उनके माता-पिता का तलाक और मां का मानसिक स्वास्थ्य खराब होना उनके बचपन को कठिन बना दिया।

2.युवा अवस्था में, चैपलिन को गरीबी के कारण कई बार खाने के लिए तरसना पड़ा। वे कई बार अनाथालय में भी रहे।

3.प्रारंभिक दिनों में, उन्हें कई ऑडिशनों में असफलता का सामना करना पड़ा। लेकिन उन्होंने कभी हार नहीं मानी और अंततः हास्य अभिनय में अपनी पहचान बनाई।

4.उनकी फिल्मों, जैसे 'द किड' और 'मोर्डन टाइम्स', ने समाज की कठिनाइयों, जैसे गरीबी और औद्योगिकीकरण, को व्यंग्य और हास्य के साथ प्रस्तुत किया।

5.चैपलिन ने अपने काम के माध्यम से यह दिखाया कि हंसी कठिनाइयों का सामना करने में मदद कर सकती है। उनके पात्रों की संघर्षशीलता और हास्य ने दर्शकों को प्रेरित किया।

इन उदाहरणों से स्पष्ट होता है कि चैपलिन ने अपने जीवन के संघर्षों को हंसी में बदलकर न केवल अपने लिए बल्कि समाज के लिए भी एक सकारात्मक संदेश दिया।

आदित्य एक युवा प्रोफेशनल था, जो अपने काम और जीवन के दबावों से जूझ रहा था। वह हमेशा ही तनावग्रस्त और चिड़चिड़ा रहता था। एक दिन, उसके एक मित्र ने उसे एक स्टैंड-अप कॉमेडी शो में जाने का सुझाव दिया।

शो के दौरान आदित्य ने दिल खोलकर हंसी का अनुभव किया। यह उसके लिए एक नई शुरुआत थी। उसने नियमित रूप से हंसी योग (लाफ्टर योगा) क्लास जॉइन की और हर दिन एक कॉमेडी फिल्म या शो देखने का नियम बनाया। कुछ ही महीनों में, आदित्य का मानसिक और शारीरिक स्वास्थ्य बेहतर हो गया, और वह एक अधिक सकारात्मक और ऊर्जावान इंसान बन गया।

प्रसिद्ध अभिनेता और हास्य कलाकार, रॉबिन विलियम्स ने अपनी हास्य कला के माध्यम से लाखों लोगों को प्रेरित किया। उन्होंने हंसी के माध्यम से गहरे सामाजिक मुद्दों को उठाया।

नॉर्मन कजिन्स: 'हंसी चिकित्सा' की अवधारणा को लोकप्रिय बनाने वाले नॉर्मन कजिन्स ने स्वयं हंसी के माध्यम से गंभीर बीमारी को हराने का दावा किया। उन्होंने हास्य और सकारात्मकता के माध्यम से अपने जीवन को बेहतर बनाया।

हंसी को अपने जीवन में सम्मिलित करने के कई उपाय हैं, जैसे हास्यपूर्ण सामग्री का भरपूर आनंद लें। नियमित रूप से कॉमेडी शो, फिल्मों, या आनंददायक पुस्तकों का आनंद लें।

हंसी योग का अभ्यास करें, जो आपके शरीर और मन दोनों को शांत

करेगा।

मित्रों और परिवार के साथ समय बिताएं और उनके साथ आनंददायक और हल्की-फुल्की बातचीत करें।

हंसी योग सत्र में भाग लें और कभी कभी स्वयं स्वयं पर भी हंसे। उसका भी आनंद लें। अपनी गलतियों और असफलताओं को हंसी के साथ स्वीकार करें।

हंसी जीवन का एक अद्भुत तोहफा है, जो हमें मानसिक, शारीरिक और भावनात्मक रूप से मजबूत बनाती है। यह हमें कठिन समय में साहस देती है और हमें दूसरों के साथ जोड़ती है।

याद रखें, 'हंसी जीवन का संगीत है। इसे हर दिन अपने जीवन में सम्मिलित करें और देखें, कैसे आपका जीवन परिवर्तित होता है।'

उपरोक्त लेख के कुछ स्मरणीय अंश:

- हंसी: मन, शरीर और रिश्तों के लिए एक प्राकृतिक दवा।
- तनाव कम करना, खुशी बढ़ाना और स्वास्थ्य सुधार हंसी के फायदे हैं।
- हंसी जुड़ाव, सकारात्मकता और मुश्किलों से निपटने में मदद करती है (चार्ली चैपलिन, रॉबिन विलियम्स, नॉर्मन कजिन्स के उदाहरण)।
- जीवन में हंसी कैसे लाएं: हास्य देखना, हंसी योग, अपनों के साथ समय बिताना, स्वयं पर हंसना।
- हंसी हमें मानसिक, शारीरिक और भावनात्मक रूप से मजबूत बनाती है; यह जीवन का संगीत है।

चिंतन हेतु मुख्य बिंदु:

- व्यस्तता और हंसी: क्या हम इसके लिए समय निकालते हैं और इसे सिर्फ़ भावना मानते हैं या स्वास्थ्य उपकरण?
- सामाजिक संबंध और मुश्किलों में हास्य: क्या हंसी संक्रामक है?
- बच्चों को हंसाना और स्वयं पर हंसना: क्या हम जानते हैं कि अलग–अलग संस्कृतियों में हास्य कैसा है?
- हंसी और स्वास्थ्य: क्या यह इलाज में मदद कर सकती है?
- हम अपने जीवन में और अधिक हंसी कैसे ला सकते हैं?

स्वयं को प्रसन्न रखना

(अपनी प्रसन्नता की जिम्मेदारी लें और हर दिन कुछ नया करने का प्रयास करें)

क्या आप कभी ऐसा महसूस करते हैं कि आपका जीवन एक रूटीन में फंस गया है? क्या आपको लगता है कि आप खुश नहीं हैं? अगर हाँ, तो आप अकेले नहीं हैं। हम सभी कभी न कभी इस भावना से गुजरते हैं। लेकिन क्या आप जानते हैं कि अपनी खुशी के लिए आप स्वयं जिम्मेदार हैं? हाँ, आपने सही सुना! अपनी खुशी के लिए आपको स्वयं कुछ कदम उठाने होंगे।

जीवन में प्रसन्नता केवल बाहरी परिस्थितियों पर निर्भर नहीं करती। यह हमारी सोच, प्रयास और दृष्टिकोण पर आधारित होती है। अपनी खुशी के लिए जिम्मेदारी लेना और जीवन में हर दिन कुछ नया करने की कोशिश करना न केवल हमें मानसिक और भावनात्मक रूप से समृद्ध बनाता है, बल्कि हमारे व्यक्तित्व को भी निखारता है।

प्रसन्नता के लिए एक स्पष्ट दृष्टिकोण अपनाएं और स्वयं की प्राथमिकता दें। अपने भीतर यह समझ विकसित करें कि आपकी खुशी आपके अपने हाथों में है। बाहरी चीजों या दूसरों पर निर्भर रहना आपको अस्थायी संतोष दे सकता है, लेकिन स्थायी खुशी आत्म-जिम्मेदारी से ही मिलती है।

इसके लिए अपने आप में सकारात्मक आदतों का संयोजन कीजिये। नियमित ध्यान, और व्यायाम, स्वयं को प्रेरित करने वाले कार्यों में समय देना हमारे लिए प्रसन्नता का मार्ग प्रशस्त करता है। इससे हमें सकारात्मक ऊर्जा

प्राप्त होती है।

ध्यान को केंद्रित करने की अभ्यास करें और इसकी आदत डालें। उन चीजों पर ध्यान देने का प्रयास करें, जो आपको प्रसन्नता प्रदान करती हैं और नकारात्मक विचारों एवं लोगों से सदैव दूरी बनाये रखें।

हर दिन कुछ नया करने का प्रयास करें। नवीनता का मनुष्य के जीवन में अपना एक भिन्न ही महत्व होता है। नवीनतम कार्य करने से हमारा मस्तिष्क सक्रिय होता है। इससे हमारी क्षमताएं बढ़ती हैं और हम इन्हें पहचानने लगते हैं।

नई गतिविधियों में भाग लेना हमारे जीवन में उत्साह को बनाए रखता हैऔर इससे हमारे जोश, उत्साह और आनंद में बढ़ोतरी होती है।

नित्य नई नई गतिविधियों में भाग लेने से हमें नए नए अनुभव प्राप्त होते हैं और हर नए अनुभव हमें कुछ सीखने का ही अवसर प्राप्त होता है, जो हमारी सोच और दृष्टिकोण को विस्तार करता है।

महात्मा गांधी ने आत्म-कर्तव्य और नवाचार को जीवन में अत्यधिक महत्व दिया। उन्होंने कहा था, "आप वह परिवर्तन बनें, जो आप दुनिया में देखना चाहते हैं।"

जब गांधीजी ने भारतीय स्वतंत्रता संग्राम का नेतृत्व किया, तो उन्होंने स्वयं से शुरुआत की थी। उन्होंने हर दिन अपनी सोच और कार्यों में सुधार के लिए प्रयास किया। चरखा चलाने और साधारण जीवन जीने का उनका निर्णय इस बात का प्रतीक था कि प्रसन्नता किन्हीं बाहरी परिस्थितियों से नहीं, बल्कि आत्म-नियंत्रण और नवाचार से ही आती है।

निहारिका एक युवा पेशेवर थी, जो अपनी नीरस दिनचर्या और कामकाज से असंतुष्ट थी। एक दिन, उसने निर्णय लिया कि वह अपनी खुशी

के लिए जिम्मेदारी लेगी।

उसने एक डायरी खरीदी और उसमें हर दिन स्वयं के लिए एक नई गतिविधि लिखने लगी। कभी उसने पेंटिंग की, कभी नृत्य सीखा, तो कभी पहाड़ों की सैर पर गई। उसने अपनी हर दिन की स्वयं की गतिविधि को इस डायरी में लिखा। कुछ ही महीनों में, निहारिका ने महसूस किया कि इससे न केवल वह अधिक प्रसन्न रहने लगी है, बल्कि उसने अपने भीतर स्थित कई नई प्रतिभाओं को भी खोज लिया है।

थॉमस एडिसन भी एक ऐसा ही व्यक्तित्व थे। उन्होंने हर असफल प्रयोग को एक नए अवसर के रूप में देखा। उनकी जीवनशैली का सिद्धांत था कि हर दिन कुछ नया प्रयास करो और उसमें निहित अपनी प्रसन्नता को ढूंढो।

प्रसिद्ध टेनिस खिलाड़ी मारिया ने अपने खेल के साथ-साथ कई नई नई भाषाओं और गतिविधियों को भी अपनाया। इससे न केवल उनके मानसिक संतुलन में ही सुधार हुआ, बल्कि उनकी खेल प्रदर्शन क्षमता भी पहले से अधिक अच्छी हुई।

ऐसे में इस प्रश्न का उत्पन्न होना स्वाभाविक ही है कि अपनी प्रसन्नता के उत्तरदायित्व को कैसे लिया जा सकता है ?

इसके लिए नकारात्मकता से दूर रहें। नकारात्मक लोगों से हमेशा दूर रहें और अपने जीवन में सकारात्मकता को बनाए रखें।

ध्यान और योग में भी अपना समय व्यतीत करें। नियमित ध्यान और योग आपको मानसिक रूप से संतुलित और प्रसन्न रख सकते हैं।

अपनी छोटी छोटी उपलब्धियों पर भी प्रसन्नता व्यक्त करें और उनका का जश्न मनाओ। इससे आपको नई ऊर्जा एवं स्फूर्ति का आभास होगा। यह आपको हर दिन उत्साहित करेगा और सकारात्मकता की ओर प्रेरित करेगा।

जब भी समय मिले तो नई नई चीजें आज़माएँ। हर सप्ताह कुछ नया करने की योजना बनाएं। जैसे किसी नई यात्रा पर जाना, कोई नई पुस्तक पढ़ना, नई मूवी या टीवी कार्यक्रम को देखना। यह कोई भी नई कला सीखना या नए अनुभव को प्राप्त करना भी हो सकता है।

अपनी खुशी के लिए जिम्मेदारी लेना और हर दिन कुछ नया करने का प्रयास करना, व्यक्तिगत विकास और संतोष का एक सटीक मार्ग है। यह हमें सिखाता है कि जीवन एक यात्रा है, एक गंतव्य नहीं। हर पल को अनमोल बनाना और उसे रचनात्मकता और आनंद से भरना हमारी क्षमता में है।

स्मरण रखें कि हमारी खुशी किसी बाहरी परिस्थिति या व्यक्ति पर निर्भर नहीं है। यह हमारे भीतर से आती है। जब हम नए अनुभवों को अपनाते हैं, सकारात्मक सोच रखते हैं और अपने आप को विकसित करते हैं, तो हम अपने जीवन को अधिक खुशहाल और सार्थक बना सकते हैं।

इसलिए, आज ही से अपनी खुशी की यात्रा शुरू करें। हर दिन कुछ नया सीखे, कुछ नया करें, और अपने जीवन को रंगीन बनाएं।

उपरोक्त लेख के कुछ स्मरणीय अंश:

- खुशी की जिम्मेदारी: बाहरी नहीं, स्वयं पर। सोच, प्रयास और नज़रिया ज़रूरी।
- स्थायी खुशी के लिए: सकारात्मक बातें, ध्यान और नकारात्मकता से दूरी।
- नयापन और मस्तिष्क: हर दिन कुछ नया करना क्यों महत्वपूर्ण है?

- आत्म-जिम्मेदारी से खुशी: गांधी, निहारिका, एडिसन, शारापोवा के उदाहरण।
- खुशी की जिम्मेदारी कैसे लें: नकारात्मकता से दूरी, ध्यान, छोटी खुशियाँ, नया प्रयास।
- खुशी: हमारी अंदरूनी भावना। नए अनुभव, सकारात्मकता और विकास से खुशहाल जीवन।

चिंतन हेतु मुख्य बिंदु:

- बाहरी निर्भरता बनाम आंतरिक खुशी: सोच और दृष्टिकोण कैसे बदलें?
- खुशी बढ़ाने वाली छोटी बातें और नया करने के लिए समय कैसे निकालें?
- खुशी: गंतव्य या यात्रा? नकारात्मकता से कैसे निपटें?
- ध्यान और योग का दैनिक जीवन में कैसे शामिल करें?
- छोटी उपलब्धियों को पहचानना और नए अनुभवों से हिचकिचाहट।
- क्या हम सच में जानते हैं कि खुशी हमारे हाथ में है?

उपसंहार

'हैप्पीएस्ट' व्यक्ति का सटीक निर्धारण करना कठिन है, क्योंकि खुश
मनुष्य का एक व्यक्तिपरक अनुभव है। हालांकि, कुछ व्यक्तियों को उनक
असाधारण सकारात्मकता और जीवन के प्रति उत्साही दृष्टिकोण के लि
व्यापक रूप से कहा जा सकता है कि वो दुनिया के 'हैप्पीएस्ट' व्यक्ति हैं।

ऐसे व्यक्तियों में मैथ्यू रिकार्ड का नाम लिया जा सकता है। मैथ
रिकार्ड, एक बौद्ध भिक्षु थे, जिन्हें आमतौर पर 'दुनिया का सबसे खुशहाल
व्यक्ति' कहा जाता है। विस्कॉन्सिन विश्वविद्यालय के शोधकर्ताओं द्वारा उ
पर किए गए एक अध्ययन में पाया गया कि ध्यान के दौरान उनके मस्तिष्क
ने खुशी और करुणा से जुड़े क्षेत्रों में असाधारण गतिविधि दिखाई। उन्हों
परोपकार और करुणा के लिए अपना जीवन समर्पित कर दिया है।

जेफ रिट्ज, भी ऐसे ही व्यक्तियों में सम्मिलित हैं जिन्हें गिनीज वर्ल
रिकॉर्ड्स द्वारा 'दुनिया के सबसे खुशहाल व्यक्ति' के रूप में मान्यता प्राप्त है।
उनकी सकारात्मकता और संक्रामक ऊर्जा ने उन्हें इस क्षेत्र में एक व्याप
पहचान दिलाई है।

तिब्बती बौद्ध धर्म के आध्यात्मिक नेता दलाई लामा को भी इस श्रेण
में रखा जा सकता है। उन्होंने विश्व शांति के लिए अथक प्रयास किए हैं
विभिन्न धर्मों के बीच एकता को बढ़ावा दिया है, और मानवता की सेवा
अपना जीवन समर्पित कर दिया है। अहिंसा और मध्य मार्ग के प्रतीक के रू
में, उन्हें नोबेल शांति पुरस्कार से सम्मानित किया गया है।

मांटेरी जैक, एक प्रसिद्ध अमेरिकी लेखक और व्यापारी थे। इन्हों

सकारात्मक मनोविज्ञान के क्षेत्र में महत्वपूर्ण योगदान दिया है। उनकी सबसे प्रसिद्ध पुस्तक, 'थिंक एंड ग्रो रिच', ने लाखों लोगों को सकारात्मक सोच और लक्ष्य प्राप्ति के महत्व को समझने में सहायता की है। जैक ने अपनी पुस्तक में सकारात्मक सोच, कड़ी परिश्रम और दृढ़ संकल्प को सफलता की कुंजी बताया है। उनके विचारों ने दुनिया भर के लोगों को प्रेरित किया है और उन्हें अपने लक्ष्यों को प्राप्त करने में सहायता की है।

'हैप्पीएस्ट' अर्थात दुनिया का सबसे खुशहाल व्यक्ति कौन हो सकता है, या है ? यह जानने के लिए शोधकर्ताओं एवं मनोवैज्ञानिकों ने अलग ही पैमाना तैयार किया हुआ है। इसके लिए यह ध्यान रखना महत्वपूर्ण है कि 'खुशहाल' होने का मतलब यह नहीं है कि ये व्यक्ति कभी नकारात्मक भावनाओं का अनुभव नहीं करते हैं। बल्कि, वे एक मजबूत भावनात्मक संतुलन बनाए रखने, सकारात्मकता पर ध्यान केंद्रित करने और जीवन की चुनौतियों का सामना लचीलेपन के साथ करने में सक्षम हैं।

खुशहाल' होने का मतलब यह नहीं है कि ये व्यक्ति कभी नकारात्मक भावनाओं का अनुभव नहीं करते हैं। बल्कि, वे एक मजबूत भावनात्मक संतुलन बनाए रखने, सकारात्मकता पर ध्यान केंद्रित करने और जीवन की चुनौतियों का सामना लचीलेपन के साथ करने में सक्षम हैं।

इन व्यक्तियों के उदाहरण हमें सिखाते हैं कि खुशी एक ऐसी चीज है जिसे हम विकसित कर सकते हैं और बनाए रख सकते हैं। कृतज्ञता, करुणा, और वर्तमान क्षण में जीने जैसे अभ्यासों के माध्यम से, हम अपने जीवन में अधिक खुशी और संतोष का अनुभव कर सकते हैं।

यह भी ध्यान देने योग्य है कि खुशी की अवधारणा विभिन्न संस्कृतियों में भिन्न हो सकती है। कुछ संस्कृतियाँ व्यक्तिगत खुशी पर जोर दे सकती हैं,

जबकि अन्य सामाजिक सद्भाव और सामूहिक कल्याण को प्राथमिकता दे सकती हैं। इसलिए, 'खुशहाल' व्यक्ति की कोई एक परिभाषा नहीं है।

अंततः, खुशी मनुष्य की एक व्यक्तिगत यात्रा है। प्रत्येक व्यक्ति को अपनी खुशी का मार्ग स्वयं खोजना होता है। हालांकि, मैथ्यू रिकार्ड और जेफ रिट्ज जैसे व्यक्तियों के उदाहरण हमें प्रेरित कर सकते हैं और हमें दिखा सकते हैं कि एक खुशहाल और पूर्ण जीवन जीना संभव है।

लेखक की अन्य रचनाएँ

1. स्वप्न विश्लेषण (विश्लेषणात्मक)
2. सपनों की दुनिया (विश्लेषणात्मक)
3. सुहाने पल (काव्य संग्रह)
4. सफल जीवन (प्रेरणात्मक)
5. पल भर की छांव(अति रोचक उपन्यास)
6. अदृश्य लोक (विश्लेषणात्मक)
7. जीना इसी का नाम है (प्रेरणात्मक)
8. मैं साधु नहीं (विचारात्मक,आध्यात्मिक)
9. आप स्वयं को बदल सकते है (प्रेरणात्मक)
10. चांदनी (लघु उपन्यास)
11. आओ कुछ देर सोच लें (प्रेरणात्मक)
12. ऐसा होता तो नहीं(अति रोचक उपन्यास)
13. हवाओं का आंचल (सम्पादित,काव्य-संग्रह)
14. मरने से पहले (विचारात्मक)
15. डॉक्टर कसाई (कहानी संग्रह,डिजिटल)
16. रहस्यमय यात्रा (रोचक एवं रोमांचक उपन्यास)
17. रात अकेली है (अति रोचक उपन्यास)
18. ऐसा मेरे साथ ही क्यों होता है (प्रेरणात्मक)
19. दो कदम दूर थे (अति रोचक उपन्यास)
20. Dynamics of mind (Motivational
21. Successful Life (Motivational)
22. मनोबल की शक्ति (प्रेरणात्मक)
23. स्वर्ग का मार्ग (प्रेरणात्मक)
24. किसकी राह देखे हम (अति रोचक उपन्यास)
25. लक्ष्य कैसे प्राप्त करें (प्रेरणात्मक)
26. आत्मज्ञान और आत्म-साक्षात्कार (प्रेरणात्मक)
27. स्वप्न विज्ञान (ज्ञानवर्धक)
28. रूह कांपती है (अति रोचक उपन्यास)
29. टूटी शाख का पंछी (आध्यात्मिक उपन्यास)

30.हैप्पीएस्ट (प्रेरणात्मक)
31.झूठ की जिंदगी (अति रोचक उपन्यास)
32.मनचाहे भविष्य का निर्माण (प्रेरणात्मक)
33.भयंकर साज़िश (जासूसी, उपन्यास)
34.खून से लिखा, आखिरी अध्याय (जासूसी, उपन्यास)